Hello! GoodBye! AT THE OFFICE

L'anglais de tous les jours au Bureau

Guide de conversation

Fichiers audio à télécharger

Florent Gusdorf
John Wisdom

ellipses

Des mêmes auteurs chez le même éditeur :

Hello! Goodbye! L'anglais de tous les jours. Guide de conversation, 2014, 192 p.

Anglofun. Great Britain. Apprentissage ludique de la culture et de la civilisation britanniques, 2008, 272 p.

Anglofun America. Apprentissage ludique de la culture et de la civilisation américaines, 2010, 352 p.

Anglais. Compréhension orale – TOEFL/TOEIC/IELTS/CLES, Éditions École Polytechnique, 2011, 224 p.

ISBN 9782340-001596

32, rue Bargue 75740 Paris cedex 15

www.editions-ellipses.fr

Préface

Hello! Goodbye! At the office s'adresse à tout employé, cadre ou chef d'entreprise ayant besoin d'une révision rapide des phrases-clés pour pouvoir communiquer avec aisance en anglais dans la vie de tous les jours au bureau.

Que ce soit dans les relations quotidiennes, la tenue et le déroulement de réunions, les problèmes salariaux, les conflits syndicaux, la recherche d'un emploi, la rédaction de lettres ou de courriels, les voyages d'affaires, le professionnel trouvera dans cet ouvrage les mots indispensables qui lui permettront de s'exprimer sans peine et de comprendre avec aisance.

Au bureau 1

At the office

1 La disposition des bureaux

The office layout

Vous êtes nouvelle ici. C'est la première fois que je vous vois.
You're new here. I haven't seen you before.

Oui, c'est mon premier jour.
Yes, it's my first day on the job.

J'ai été embauchée la semaine dernière.
I was hired last week.

Je viens tout juste d'être embauché(e).
I have just been hired.

Voulez-vous que je vous fasse visiter les lieux ?
Would you like me to show you around the premises?

Ce bureau là-bas est celui du directeur des ventes.
That office over there is the sales manager's.

Au bout du corridor, sur la gauche, vous trouverez le bureau des RH.
Down the corridor, on the left, is the HR office.

Vous feriez mieux d'y passer.
You'd better check in there.

Sur la droite, la machine à café / le distributeur automatique si vous avez soif.
On the right is the coffee machine / vending machine if you feel like something to drink.

C'est là où l'on glane pas mal d'infos sur ce qui se passe dans la boîte.
That's where you learn a lot of information about what's happening / going on in the firm.

Comme vous pouvez le constater, la plupart d'entre nous travaillons en open space.
As you can see, most of us work in an open space.

Vous occuperez l'emplacement à côté du mien.
You'll get a cubicle next to mine.

Vous aurez un ordinateur, mais si vous voulez imprimer, nous parteageons la même imprimante et le même fax.
You'll have a computer, but if you want to print out, we share the same printer and fax machine.

Il y a un placard pour les fournitures là bas : stylos, crayons, agrafeuses, papier, post-its, ciseaux et autres articles de papeterie.
There's a cupboard over there for supplies: pens, pencils, staplers, paper, post-its, scissors and other stationery.

Les toilettes sont au fond du couloir à droite.
The toilets / bathroom / restroom (US) are / is at the end of the corridor on the right.

Vocabulary

an office building : un bâtiment de bureaux
the layout : la disposition
an office : un bureau
the administrative office : le service administratif
the back office : les services administratifs
the central office : le siège
a hallway : un couloir
the restroom : les toilettes
the cafeteria / the canteen : la cafétéria, la cantine
the reception desk / front desk : la réception, l'accueil
a typing pool : les dactylos
open space : en espace ouvert
a cubicle : un emplacement
a vending machine : un distributeur automatique
a coffee machine : une machine à café
the elevators : les ascenseurs
the emergency exit : la sortie de secours

2 Le matériel de bureau
Office equipment and furniture

Voici votre espace de travail.
This is your workspace.

Faites comme chez vous.
Make yourself at home.

Bienvenue dans votre nouveau bureau.
Welcome to your new office.

Vous avez une chaise, un bureau, un téléphone et un PC.
You have a chair and a desk, a telephone and a PC.

L'imprimante, le scanneur, le photocopieur sont tous dans la même pièce. On partage tout.
The printer, the scanner, the photocopier are all in the same room. Everyone shares them.

Votre chaise est-elle assez comfortable ?
Is your chair comfortable enough?

Oh, oui, elle est très ergonomique.
Oh, yes, it's very ergonomic.

Vous aurez besoin d'articles de papeterie ; un agenda, un calendrier, des stylos et crayons, des chemises, un tube de colle, un perforateur à trous, du papier, des trombones, des punaises, des post-its, un tampon, une règle et, naturellement, des ciseaux.
You will need some stationery: a diary, a calendar, some pens and pencils, folders, a tube of glue, a hole punch, paper, paper clips, pins, post-it notes, a rubber stamp, a ruler and, of course, a pair of scissors.

Il se pourrait que j'ai besoin de ruban adhésif et de timbres.
I may need sellotape and stamps.

Où puis-je me procurer le matériel nécessaire pour faire une présentation ?
Where can I get the material necessary to make a presentation?

Dans la réserve vous trouverez un rétroprojecteur, un tableau blanc, un marqeur et, si vous en avez besoin, une clé USB.
In the storeroom you'll find an overhead projector, a white board, a marker pen and if you need one, a memory stick.

J'ai probablement besoin d'une agrafeuse et d'un ôte-agrafes.
I probably need a stapler and a staple remover.

Vocabulary

office furniture : le mobilier de bureau
office space : l'espace de bureau
office supplies : les fournitures de bureau
a printer : une imprimante
a Xerox machine : une photocopieuse
a desk : un bureau
a drawer : un tiroir
a storeroom : une réserve
stationery : la papeterie
an overhead projector : un rétro-projecteur
a flipchart : un tableau de conférence
a memory stick : une clé USB

a diary : un agenda
a stapler : une agrafeuse
a folder : un classeur, un dossier

En anglais, **agenda** signifie **ordre du jour**.
What's on the agenda? : Qu'y a-t-il à l'ordre du jour ?

3 Problèmes techniques
Technical Problems

J'ai des problèmes avec l'imprimante.
I am having some trouble with the printer.

Est-ce que quelqu'un sait comment la réparer ?
Does anyone know how to fix it?

Il y a du papier coincé à l'intérieur.
Some paper is jammed inside.

Tu ferais mieux d'appeler le technicien. Il sait comment la réparer.
You'd better call the technician. He knows how to fix it.

Il se peut qu'elle ait besoin d'une révision.
It may need servicing.

Le scanneur est à nouveau en panne.
The scanner's not working again.

J'ai besoin de scanner ces pages très rapidement. Où puis-je trouver un autre scanneur ?
I need to scan these pages very quickly. Where can I find another scanner?

Il y en a un au troisième étage.
There's one on the third floor.

Il faut que je fasse des photocopies. J'ai bien peur que la machine ne soit de nouveau en panne.
I have to make some photocopies. I'm afraid the machine's broken down again.

Tu ferais mieux d'aller dans un centre de photocopie pour les faire faire.
You'd better go outside and have them done in a copy and print service.

Il y a eu une coupure de courant. Est-ce que quelqu'un a des bougies ?
There's been a power cut. Does anyone have any candles?

Il y a un virus qui fait des dégâts sur l'ordinateur. Est-ce que tu peux m'aider ?
There's a virus creating havoc on my computer. Can you do something about it?

Il y a un bogue dans le système. Je reçois de drôles de messages.
There's a bug in the system. I'm getting weird messages.

Mon ordinateur a de nouveau planté. À l'aide !
My computer has crashed again. Help, please!

Quelqu'un s'est introduit dans mon ordinateur.
Someone has hacked my computer.

Le système a planté. Plus rien ne marche.
The system is down. Nothing works any more.

Les lignes sont coupées. C'est probablement à cause de la tempête.
The lines are out of order. It's probably because of the storm.

L'ascenseur est en panne. J'ai dû me taper les 40 étages à pied.
The lift is out of order. I had to walk up the 40 floors.

Le courant sera coupé de 10 h à 17 h demain.
Power will be cut off from 10 am to 5 pm tomorrow.

Vocabulary

be out of order : être en panne
break down : tomber en panne
a breakdown : une panne
fix / repair : réparer
be down : planter
create havoc : causer des dégâts
a power outtage / power cut : une panne de courant
troubleshoot : résoudre les problèmes, dépanner
a breakdown service : un service de dépannage

1 La communication interne
Internal communication

1.1 Prise de contact avec votre assistante personnelle
Meeting your personal assistant (PA)

Puis-je vous présenter à Mlle Jones, votre assistante personnelle ?
May I introduce you to Ms Jones, your PA?

Comment allez-vous, Mlle Jones ?
How do you do Ms Jones?

Nous allons travailler en étroite collaboration.
We shall be working very closely together.

Voici une liste de choses que je veux que vous fassiez pour moi.
Here are some of the things you will be doing for me.

Vous serez responsable de la gestion et du classement des données.
You will be in charge of data management and filing.

Vous vous occuperez des déplacements, des visas et de l'hébergement.
You will be arranging travel, visas and accommodation.

Vous filtrerez les appels téléphoniques, les demandes d'information et de renseignement.
You will be screening phone calls, enquiries and requests.

Vous irez chercher et vous accueillerez les visiteurs.
You will be meeting and greeting visitors.

Vous organiserez et mettrez à jour mon agenda et vous prendrez les rendez-vous.
You will be organizing and maintaining diaries and making appointments.

Vous vous occuperez des courriels, des faxes et du courrier.
You will be dealing with incoming email, faxes and mail.

Vous prendrez des notes et rédigerez les comptes rendus des réunions.
You will be taking dictation and writing the minutes of meetings.

Vous ferez les recherches préliminaires.
You will be carrying out background research.

Vous rédigerez des résumés d'articles, de rapports et de présentations.
You will be briefing papers, reports and presentations.

Vous organiserez les réunions.
You will be organizing meetings.

Vous ferez en sorte que je sois bien préparé pour les réunions.
You will make sure I am well prepared for meetings.

Vous serez en contact avec les clients, les fournisseurs et d'autres membres du personnel.
You will be liaising with clients, suppliers and other members of the personnel.

Je m'attends à ce que vous réalisiez des projets et que vous entrepreniez des recherches spécifiques.
I will expect you to carry out specific projects and research.

Vous serez responsable des comptes et du budget.
You will be responsible for accounts and budgets.

Vocabulary

a personal secretary : une secrétaire personnelle
be in charge of : être responsable de
liaise : être en contact avec, collaborer avec
the minutes of a meeting : le procès-verbal d'une réunion
a customer : un client
a supplier : un fournisseur

2 Conversations dans l'entreprise
Talking to people in the firm

2.1 Les conversations entre collègues
Conversations with fellow workers / employees / Co-workers

Qu'est ce qui se raconte ? Y a du nouveau ?
What's on the grapevine? Anything new?

Je n'ai pas pu assister à la réunion vendredi.
I was unable to attend the meeting on Friday.

Tu peux me dire ce qui s'est passé et ce qu'on a dit ?
Do you think you could fill me in on what went on and what was said?

Le procès-verbal de la réunion est en ligne. Tu peux le consulter toi-même.
The minutes of the meeting have been put online. You can read them for yourself.

Je ne pourrai pas assister à la réunion cet après-midi. Tu voudras bien m'excuser ?
I won't be able to make it to the meeting this afternoon. Would you please apologize for me / excuse me?

Tu peux me remplacer demain ? J'ai une réunion urgente.
Would you mind sitting in for me tomorrow? I have an urgent meeting.

Un des enfants a la grippe. Il faut que je reste à la maison pour le garder.
One of the children is ill with the flu. I'll have to stay at home and look after him.

Les profs sont à nouveau en grève. Il faut que je prenne un jour de RTT pour garder les enfants.
The teachers are on strike again. I have to take one day of recup off to look after the kids.

Qu'est-ce qui ne va pas avec Franck Windass ? Il n'arrête pas de se plaindre. Je pense qu'il est perpétuellement déçu de la vie.
What's wrong with Frank Windass? He's always complaining. I think he's permanently pissed off with life.

Tu fais quoi ce week-end ?
What are you doing this weekend?

Je vais faire du golf avec des amis. J'ai la famille à déjeuner dimanche.
I'm playing golf with some friends. I'll have the family for lunch on Sunday.

On peut fixer les dates des vacances pour cet été ? J'aimerais bien prendre le mois d'août si cela ne te dérange pas de partir en juin.
Can we arrange the holidays for this summer? I'd like to get away in August if you don't mind taking June.

Tu as vu de bons films récemment ?
Have you seen any good movies recently?

Tu es allé au théâtre ces derniers temps ?
Have you been to the theater lately?

Tu es membre d'un club de sport ? J'ai besoin de perdre quelques kilos.
Do you belong to a gym club? I need to lose some weight.

Je peux te suggérer mon club de sport si tu veux te remettre en forme.
I can suggest my fitness center if you want to get back into shape.

Je m'entraîne trois soirs par semaine.
I work out there three evenings a week.

Veinard. Tu n'as pas d'enfants, n'est-ce pas ?
Lucky you. You don't have any children to take care of, do you?

On a eu un temps pourri en Bretagne. Il a plu tout le temps.
We had a lousy weekend in Brittany. It rained all the time.

On s'est bien amusé en Grèce.
We had a great time in Greece.

Tu savais que Joe Blogs se mariait ? Tu veux participer à un cadeau de mariage ? Tout le monde donne quelques livres.
Did you know Joe Blogs is getting married? Would you like to contribute for a wedding present? Everyone's chipping in a couple of pounds.

Il vient de perdre son épouse.
He's just lost his wife.

Les obsèques seront célébrées lundi.
The funeral is on Monday.

Toutes mes condoléances.
I'm sorry for your loss.

Vocabulary

the grapevine : le téléphone arabe
a wedding : un mariage
get married : se marier
a funeral : un enterrement
offer condolences : offrir ses condoléances
a birth : une naissance
a gift : un cadeau
a party : une fête
a retirement party : une fête pour une retraite
go on holiday / vacation (US) : partir en vacances
go on a weekend : partir en weekend

2.2 Dire non
Saying no

Impossible maintenant, mais peut-être plus tard.
I can't do it right now, but maybe later.

Je crains d'être occupé.
I'm afraid a few things have come up.

Désolé, mais c'est non.
I'm sorry I can't.

C'est hors de question.
It's out of the question.

Pas question.
No way.

Il faudra me marcher sur le corps.
Over my dead body.

Je suis sûr que tu te débrouilleras très bien.
I'm sure you'll do fine on your own.

Désolé mais j'ai quelque chose d'important à faire.
I'm sorry but there is really something important I must attend to.

Il n'est pas question que je participe à cette réunion / ce projet.
It's out of the question for me to attend the meeting / take part in this project.

2.3 Demande d'aide
Asking for help

Je viens de terminer mon projet. Tu peux jeter un coup d'œil ?
I have just finished my project. Could you look it over?

Impossible de mettre la main sur le dossier des assurances. Tu ne l'as pas vu ?
I can't find the file on insurance contracts. Have you seen it?

Tu peux m'aider pour le bureau, il est un peu trop lourd pour moi et il faut que je le déplace.
Could you give me a hand with this desk, it's a bit too heavy for me and I need to move it.

Je ne peux pas terminer ce projet. Tu peux me conseiller ?
I can't finish this project. Could you give me some advice?

Je suis à la bourre. J'ai vraiment besoin d'aide. Le patron sera furax si je ne finis pas à temps.
I'm running late. I honestly need some help. The boss will be mad at me if I don't meet the deadline.

Tu as quelques minutes ? J'ai du mal avec ce nouveau logiciel.
Do you have a few minutes to spare? I'm having trouble with this new software program.

Tu peux me prêter ton agrafeuse ? Je ne sais pas où j'ai mis la mienne.
Can you lend me your stapler? I don't know where I've put mine.

Je peux emprunter ton stylo, s'il te plaît ? J'ai laissé le mien à la maison.
Can I borrow your pen, please, I've left mine at home.

2.4 Offres d'aide
Offering help

Si tu n'es pas sûr, demande-moi.
If you're not sure of anything, ask me.

N'hésite pas à demander s'il y a quelque chose que tu ne comprends pas.
Feel free to ask me if there's something you don't understand.

Si tu as des doutes, appelle-moi et je ferai de mon mieux pour t'aider.
When in doubt, give me a buzz and I'll do my best to help.

Je vois que tu as besoin d'aide pour ce projet. Laisse-moi t'aider.
I can see you need some help with this project. Let me give you a hand.

Tu ne réussiras jamais seul. Laisse-moi t'aider.
You'll never manage to do it on your own. Let me help.

Sans ton aide, je n'y serais jamais arrivé.
Without your help, I would never have managed it.

Tu es très occupé ? Je suis assez occupé, pourquoi ?
Do you have a lot of work? Yeah, I'm pretty busy, why?

Faut-il le faire sur-le-champ ?
Does this have to be done right away?

2.5 Se plaindre de ses collègues
Complaining about one's co-workers

Je ne supporte pas de travailler avec ce type. Il me demande toujours de faire des choses qu'il ne veut pas faire lui-même.
I can't stand working with this guy. He's always asking me to do things that he'll never do himself.

John est tellement paresseux. Je me demande pourquoi la société l'a embauché.
John is so lazy, I don't know why the firm hired him.

Eh bien son père fait partie du CA. Qu'est-ce que tu crois ?
Well his father is on the board of directors. What do you expect?

John pense qu'il est sorti de la cuisse de Jupiter alors que c'est un parfait idiot.
John thinks he's the cat's whiskers whereas he's an utter idiot / utter nutter.

Il arrive toujours en retard et personne ne dit rien.
He's always late and no one seems to bother him.

Il est incapable de faire quelque chose correctement.
He's incapable of doing anything correctly.

Fais attention. Si tu lui donnes le petit doigt, elle te prendra le bras.
Be careful. If you give her an inch, she takes a mile.

Elle n'arrête pas de perdre ses affaires. Tu lui donnes un dossier et tu es sûr de ne jamais le retrouver.
She's always losing things. You give her a file and you'll never find it again.

Jill passe son temps à faire de la lèche au patron.
Jill spends most of her time sucking up to the boss.

Il n'arrête pas de baratiner la secrétaire au lieu de faire son travail.
He's always chatting up the secretary instead of getting the work done.

Il passe son temps sur Internet au lieu de faire son travail.
He spends all his time surfing on the Internet, instead of getting through his workload.

Ce type est un vrai tire-au-flanc. Il ne fait jamais rien.
The guy's a real jerk. He never gets anything done.

Il passe son temps devant la machine à café. Il devrait parler moins et obtenir plus de résultats.
He always spends his time at the coffee machine. He ought to talk less and get some results.

C'est la chouchou du patron. Il lui passe tout.
She's the boss's pet. She gets away with everything.

Ce type est un paresseux fini. On a l'impression qu'il fait une pause cigarette toutes les dix minutes.
This guy is a lazybones. He seems to take a cigarette break every ten minutes.

Si tu veux être promu, ce n'est pas ce que tu sais mais qui tu connais, dans cette société.
If you want promotion, it's not what you know in this company, it's who you know.

2.6 Se plaindre de son entreprise
Complaining about the company

J'en ai assez de travailler ici.
I'm fed up working here.

Le boulot n'est plus passionnant / motivant.
The job isn't exciting / motivating any more.

J'ai perdu toute ma motivation à travailler ici.
I've lost all motivation working here.

Mon patron est un con fini.
My boss is an utter asshole.

Je tombe dans la routine.
I'm getting into a rut.

Je fais tout le temps les mêmes choses.
I keep doing the same thing over and over again.

L'entreprise se fout de son personnel.
The firm doesn't care about its staff.

Je n'ai pas eu d'augmentation depuis 5 ans.
It's been five years since I last got a raise.

J'en ai ras-le-bol de travailler ici.
I'm sick and tired of working here.

L'entreprise est des plus nulles.
This company really sucks.

Je pense chercher du boulot ailleurs.
I'm thinking about finding a job elsewhere.

Cela fait deux semaines que je cherche du travail ailleurs.
I've been applying for other positions for two weeks now.

La hiérarchie ralentit tout.
The hierarchy slows everything down.

Je ne supporte plus mes collègues.
I can't put up with my colleagues any more.

La hiérarchie ne semble pas avoir pris la pleine mesure des difficultés que nous traversons.
Top management does not seem to be aware of the difficulties we're having.

Je pense que l'entreprise va mettre la clé sous la porte dans quelques semaines s'ils ne s'améliorent pas.
I think the company is going to go out of business in a few weeks if they don't buck up.

Le travail n'arrête pas de s'accumuler et je ne peux plus faire face.
The workload has been increasing all the time and I just can't cope anymore.

C'est un travail pour les nuls.
This is a job for morons / dummies.

Y'a pas d'avenir ici. Le secteur est mort.
There's no future here. It is a dead end sector.

L'entreprise délocalise en Inde.
The company is relocating its production to India.

Tout le travail intéressant est externalisé.
All the interesting work is outsourced.

Mon supérieur me donne trop de travail. Je n'arrive pas à faire face.
My superior has been giving me too big a workload. I just can't cope with it.

Vocabulary

complain about : se plaindre de
a complaint : une plainte
review : vérifier, relire
a review : une analyse, une critique
workload : la charge de travail
put up with : supporter
hierarchy : la hiérarchie
a moron : un nul
outsource : externaliser
a raise : une augmentation
get a raise : être augmenté
go out of business : faire faillite

2.7 Parler de son expérience professionnelle passée
Talking about one's past work experience

Où travailliez-vous avant de rejoindre notre société ?
Where did you work before you came to this company?

Je travaillais chez Smith. J'étais stagiaire à la direction.
I used to work for Smith's. I was a trainee manager.

J'y ai appris les ficelles du métier de cadre moyen.
I learned the ins and outs of middle management there.

J'ai appris à traiter avec les gens et à résoudre les problèmes au fur et à mesure qu'ils se présentaient.
I got to know how to deal with people and solve problems as they cropped up.

Et vous ? Où travailliez-vous avant de rejoindre Bugger et Fils ?
What about yourself? Where did you work before you came to Bugger and Sons?

J'étais dans la finance. Je travaillais dans la City. J'étais trader.
I was in finance. I worked in the City. I was a trader.

Je travaillais dans l'informatique. J'installais des systèmes.
I was in IT. I set up whole systems.

Pourquoi avez-vous quitté votre emploi précédent ?
Why did you leave your former position?

Je cherchais un emploi plus stimulant.
I was looking for more challenging work.

À cause de la crise, j'ai été licencié.
With the crisis I was laid off / made redundant.

Je voyageais beaucoup. Je ne voyais jamais ma famille.
I used to travel a lot. I would never see my family.

J'étais occupé toute la semaine et je n'avais plus de temps pour moi.
I was busy all week long and didn't have any time for myself.

Je ne pouvais jamais prendre mes vacances quand je le voulais.
I could never go on holiday whenever I wanted to.

3 Les réunions
Meetings

3.1 Donner son avis
Giving one's opinion

J'ai vraiment l'impression que / d'après moi...
I really feel that / in my opinion...

Si vous me demandez mon opinion, j'ai le sentiment que...
If you ask me / If you want my opinion, I feel that...

En ce qui me concerne...
As far as I'm concerned...

À mon avis / à mon humble avis...
To my mind / in my humble opinion...

Je voudrais souligner la chose suivante.
I'd like to underline the following point.

Je voudrais préciser ceci.
I would like to make this clear.

3. 2 Demander un avis
Asking for opinions

Pensez-vous que...
Do you think that...

Frank, on peut avoir ton avis ?
Frank, can we get your input?

Quel est votre sentiment sur les derniers chiffres ?
How do you feel about the latest figures?

Pouvez-vous préciser ?
Could you be more specific?

À quoi pensez-vous ?
What's on your mind?

Que pensez-vous de... ?
What is your opinion about...?

3.3 Commenter l'avis des autres
Commenting on others' opinions

Bon argument.
Good point.

J'ai bien compris ce que vous voulez dire.
I get your point.

Je comprends votre point de vue / Je vois ce que vous voulez dire.
I see what you mean.

3.4 Manifester son accord
Agreeing with others' opinions

Je suis d'accord.
I'll go with this.

Je suis pour.
I'll endorse that.

Quels sont les arguments pour / les arguments contre ?
What are the pros and cons?

Excellente idée.
That's a very good idea.

C'est exactement mon sentiment.
That's exactly the way I feel.

Je suis d'accord avec toi, Jennifer.
I have to agree with you, Jennifer.

Superbe idée.
Brilliant point.

Excellente initiative.
That's a smart move.

3.5 Manifester son désaccord
Disagreeing with others' opinions

Je suis d'accord jusqu'à un certain point, mais...
I agree with you up to a point but...

Je ne suis pas entièrement d'accord.
I beg to differ.

Je ne suis pas d'accord avec vous concernant le dernier rapport que vous nous avez fait parvenir.
I disagree with you over the last report you gave us.

3.6 Les conseils
Advising

Si j'étais vous, je...
If I were you, I would...

Pourquoi n'approfondissez-vous pas le sujet ?
Why don't you go deeper into the subject?

Que diriez-vous de leur faire une offre ?
How about making them an offer?

Je suggère / recommande que nous attendions jusqu'à la fin de l'année.
I suggest / recommend we wait until the end of the year.

3.7 Mettre les points sur les i
Clarifying

Vous voyez ce que je veux dire ?
Do you see what I'm driving at?
Do you see my point?

Permettez-moi de m'exprimer différemment.
Let me put that idea another way.

Ai-je été clair ?
Have I made myself clear?

3.8 Demande d'informations
Requesting information

J'aimerais que vous nous donniez les chiffres de juillet.
I'd like you to give me the July figures.

Si j'ai bien compris...
If I am not mistaken...

3.9 Comprendre
Understanding

Je n'ai pas saisi votre dernier argument, pourriez-vous répéter, s'il vous plaît ?
I didn't catch that last point, could you repeat please?

Je n'ai pas entendu, pourriez-vous répéter ?
I missed that, could you say it again?

Pourriez-vous nous éclairer sur ce dernier point ?
Could you talk us through that point one more time?

3.10 Demander l'aide d'autrui
Asking for contributions from others

Que pensez-vous de cette dernière proposition ?
What do you think about this last proposal?

Fred, vous voulez ajouter quelque chose ?
Fred, would you like to add anything?

Des commentaires ?
Any comments?

Est-ce que quelqu'un a quelque chose à ajouter ?
Has anyone else got anything to say?

Pas d'autres commentaires ?
No more comments?

On met un point final à la réunion ?
Shall we wrap it up?

3.11 Rectifier les informations
Rectifying information

Je crains que ce ne soit pas exactement ce que j'ai dit.
I'm afraid that is not exactly what I said.

Je ne suis pas sûr que vous ayez compris ce que je disais.
I'm not quite sure you've understood what I've been saying.

Je ne pensais pas à cela du tout.
I didn't have that in mind at all.

Ce n'est certainement pas ce que je voulais dire.
That is certainly not what I meant.

3.12 Respecter l'horaire de la réunion
Keeping the meeting on time

Je vous saurais gré de faire court.
Would you please be brief?

J'ai bien peur que le temps nous manque.
I'm afraid we're running out of time.

Désolé, mais cela n'entre pas dans le cadre de cette réunion.
I'm sorry but that's outside the scope of this meeting.

On digresse.
We're being sidetracked.

Revenons à nos moutons.
Let's get back on track.

Et si on revenait à notre sujet ?
Why don't we return to the main point of today's meeting?

J'ai peur que nous ne puissions discuter de ce point. Il faudra le remettre à plus tard.
I'm afraid we can't discuss that point. We'll have to leave it to another day.

Ne vous égarez pas du sujet s'il vous plaît.
Would you please keep to the point?

Je pense qu'il est temps de prendre une décision.
I think it's time to make a decision.

3.13 L'ordre du jour
The agenda

Quel est l'ordre du jour ?
What's on the agenda?

Qui veut être secrétaire de séance ?
Who's going to take the minutes?

Quel est le premier point à l'ordre du jour ?
What's on top of the agenda?

Avez-vous tous reçu le PV (procès-verbal) de la dernière réunion ?
Have you all received the minutes of our last meeting?

Aujourd'hui, nous allons discuter de trois points.
Today we'll be discussing three points.

Fred va commencer en présentant les ventes de l'an passé.
Fred will start the ball rolling by making a presentation on last year's sales.

Bill nous donnera un aperçu des nouvelles techniques de marketing.
Bill will give us some insights into new marketing techniques.

Jennifer fera la conclusion.
Jennifer will make the closing statement.

Prière d'éteindre votre téléphone pendant la réunion.
Please turn off your cells during the meeting.

Pas de téléphone pendant la réunion.
Telephones are not allowed during the meeting.

3.14 Pendant la réunion
During the meeting

Est-ce qu'on peut faire une pause ?
Can we have a break now?

Il est temps de faire une pause.
It's time to have a break.

Je suggère de faire une pause de 15 minutes.
I suggest taking / we take a 15-minute break.

Si on s'arrêtait cinq minutes ?
Let's take five.

On peut faire une pause pipi ?
Can we have a toilet break?

Qui veut du thé / café ?
Who would like tea / coffee?

Mlle Jones, voulez-vous bien nous apporter une théière ?
Ms Jones, can you bring a teapot please?

Que diriez-vous de nous apporter une thermos de café ? Oui, bonne idée.
What about bringing a pot of coffee? Yes, that would be fine.

Et si on faisait une courte pause ?
Let's adjourn for a few minutes, shall we?

Mary nous a apporté des croissants.
Mary has brought along some crescent rolls.

3.15 Après la réunion
After the meeting

Je voudrais remercier tout le monde d'être venu / de leur présence.
I'd like to thank everyone for their attendance / for attending.

Bien, il est temps de conclure la réunion.
Well, it is time to wind things up / to wrap it up.

Arthur, voudriez-vous bien conclure ?
Arthur, would you like to conclude?

Pourriez-vous fixer la date de la prochaine réunion ?
Could you please schedule / set a date for the next meeting?

Je vous rappelle que la prochaine réunion aura lieu le 15 septembre.
Please, remember the next meeting will be on September 15th.

Lors de la prochaine réunion, nous aborderons les sujets des ventes et du marketing.
During our next meeting, we'll discuss sales and marketing.

Eh bien, mesdames et messieurs, c'est l'heure du déjeuner.
Well, ladies and gentlemen, it's time for lunch.

J'ai commandé des sandwiches et des jus de fruit.
I've ordered sandwiches and soft drinks.

Eh bien, je vous invite tous au restaurant.
Well, lunch is on me.

La séance est levée.
The meeting is adjourned.

J'ai bien peur que la séance ne se prolonge jusqu'à 15h et même au-delà.
I'm afraid the meeting may not adjourn until three o'clock or even later.

Je suggère que nous allions au pub.
I suggest we adjourn to the pub.

3.16 Un déjeuner de travail
A working lunch

Aujourd'hui, nous aurons un déjeuner de travail.
Today we're having a working lunch.

Mon assistante personnelle a commandé un ensemble de plats chez le traiteur.
My personal assistant has ordered a choice of dishes from the caterer.

Cela nous permettra de discuter certains des points de l'ordre du jour.
This will allow us to discuss some of the items I've put on the agenda.

Le traiteur nous apportera des plateaux-repas vers 13 h.
The caterer will bring us light lunches around 1 p.m.

Vocabulary

the agenda : l'ordre du jour
an item on the agenda : un point de l'ordre du jour
put on the agenda : mettre à l'ordre du jour
set the agenda : établir l'ordre du jour
be no longer on the agenda : ne plus être à l'ordre du jour

the minutes : le procès-verbal, le compte rendu
a report : un compte rendu
take sb through : expliquer qch en détail à qn
be specific : préciser
the pros and cons : le pour et le contre
weigh the pros and cons : peser le pour et le contre
be for / against : être pour / contre
a point of view : un point de vue
a stance : une position, un point de vue
take sides : prendre parti
switch over to the other side : changer de camp
a working lunch : un déjeuner de travail
adjourn : ajourner, suspendre / lever (la séance), reporter qch à plus tard
postpone : remettre à plus tard
take a break : faire une pause
a pub lunch : un déjeuner au pub

4 Entretiens
Talking to People

4.1 Entretiens avec le Patron
Talking to the Boss

Quand pouvons-nous organiser une réunion ?
When can we set up a meeting / arrange a meeting?

Je viens de finir mon projet. Voulez-vous jeter un coup d'œil ?
I've just finished my assignment. Would you like to have a look at it?

J'ai terminé le projet dont j'étais responsable. Vous voulez bien jeter un coup d'œil pour le vérifier ?
I have completed the project I was in charge of. Would you mind reviewing it?

Pourrions-nous nous rencontrer un jour pour parler de mon avenir dans l'entreprise ?
Could we meet up some time and discuss my future in the company?

J'espère que je vous donne entière satisfaction.
I do hope I'm giving you full satisfaction.

Comment pourrais-je être plus efficace dans mon travail ?
How do you think I could improve my performance on the job?

Quels aspects de mon travail pourrais-je améliorer ?
What aspects of my work could I better / improve?

Pensez-vous que je puisse prendre plus de responsabilités ?
Do you think it is possible for me to take on more responsibilities?

Je peux me charger d'autres tâches puisque j'ai terminé la majeure partie de mon travail cette semaine.
I can take on some more work as I have finished most of my workload this week.

Je me demandais si on pouvait me confier un nouveau projet, à moins que vous ne pensiez à quelqu'un d'autre ?
I was just wondering if I could get a new assignment, unless you have someone else in mind.

Vocabulary

efficient : efficace
improve : améliorer
improvement : amélioration
set a date for a meeting : fixer une date pour une réunion
an assignment : une tâche, un projet
mess up / screw up : bousiller
a slow coach : un traînard, qn qui lambine
outsource : externaliser, sous-traiter
outsourcing : l'externalisation
deadline : échéance
meet deadlines : respecter les délais

4.2 Entretiens avec un(e) subordonné(e)
Talking to a subordinate

Vous pouvez me dire où vous en êtes avec votre projet IT ?
Could you tell me the status of the IT project?

Vous avez terminé votre rapport ?
Have you finished your report yet?

Vous pouvez me dire où vous en êtes à présent ?
Can you update me on your progress so far?

Pourrais-je avoir une première ébauche avant la fin de la semaine prochaine au plus tard ?
Could I get a working draft by next week?

J'ai besoin d'un rapport d'avancement hebdomadaire. Pourriez-vous me l'envoyer tous les vendredis ?
I need a weekly status report. Could you please mail it to me every Friday?

Quand pensez-vous que le projet sera terminé ?
When do you think the project will be completed?

Allons-nous respecter notre échéance ?
Are we going to meet our deadline?

Est-ce que nous allons dépasser les objectifs ?
Are we going overboard?

J'aimerais apporter quelques modifications.
I would like to make some changes.

J'ai quelques recommandations à faire.
I have some recommendations to make.

On s'est trompé sur certains points. Nous avons besoin de les modifier.
There are some aspects we got wrong. We need to change them.

J'aimerais revoir les chiffres avec vous. Je crois qu'il y a quelques erreurs.
I'd like to go over the figures with you. I think there are a few mistakes.

Vocabulary

a project leader : un chef de projet
status : état d'avancement
project management : la gestion de projet
a project manager : un chef de projet
a project officer : un responsable de projet
a project team : une équipe projet
the guidelines (of a project) : les grandes lignes (d'un projet)
steer a project : diriger un projet
carry out a project : réaliser un projet
oversee : surveiller
modify / change a project : modifier un projet
rush (a job) / dash off a project : bâcler un projet
make a recommandation : faire une recommandation
give advice : conseiller
advice : les conseils

> *Advice* = les conseils ; il est toujours indénombrable. Il est suivi d'un verbe au singulier. *A piece of advice* : un conseil / *some advice* : des conseils. Attention : *advise* = conseiller. *An advisor* : un conseiller.

4.3 Respecter les délais
Meeting Deadlines

Je vais vous confier un nouveau projet.
I'm going to give you a new project.

Vous avez exactement un mois pour le finir.
You have exactly one month to complete it.

Il est très important que le projet soit terminé avant la fin de l'année.
It is of utmost importance the project should be completed by the end of the year.

L'entreprise ne permettra pas un dépassement des échéances.
The company will not allow any extension of the deadline.

Si les délais sont dépassés, nous perdons le marché.
If we go over the deadline, we'll lose the market.

Le délai est impératif. Il faut le respecter.
The deadline is strict. We must comply with it.

Vocabulary

meet deadlines : respecter les délais
extension of the deadline : report de la date limite, prorogation du délai
a production deadline : un délai de réalisation
be behind schedule : être en retard
get / win / secure an extension of deadline : obtenir un délai
work under deadline pressure : travailler sous pression
comply with a deadline : respecter les échéances
abide by a rule : respecter une règle / un règlement
over the deadline : hors délai
the cut-off date : la date butoir

4.4 Exprimer sa frustration
Showing frustration

Je suis vraiment désolé d'avoir fait une erreur.
I'm really sorry I've made a mistake here.

J'espère que je n'ai pas bousillé tout le projet.
I hope I haven't messed the whole project up.

Je fais tout ce que je peux pour aider, mais en vain.
I'm doing everything I can to help, but to no avail.

Travailler avec John est une expérience très frustrante.
Working with John is a very frustrating experience.

J'ai beau essayer, je ne sais pas ce qui cloche avec lui.
Try as I may, I can't understand what's wrong with him.

Bill retarde tout le monde. Il est si lent.
Bill is holding everybody back. He's such a slow coach.

Je préférerais travailler avec Mary et Jane.
I'd rather work with Mary and Jane.

L'entreprise où nous externalisons notre production n'est pas à la hauteur.
The company we outsource our production to is not up to scratch.

Les gens sont souvent en retard et ne respectent pas les délais.
The people are often late and do not meet the deadlines.

Je suggère de trouver une autre entreprise pour externaliser.
I suggest we find another company to outsource to.

Vocabulary

frustrated : frustré
frustration : la frustration
to no avail : en vain
meet deadlines : respecter les échéances
try as I may : j'ai beau essayer
relocate : délocaliser (une usine dans un autre pays)
outsource : externaliser un service

Pour exprimer la préférence, on utilise *I would rather* + verbe sans *to*. *Would you rather* est la forme interrogative. La forme abrégée de *would rather* est 'd *rather*.

I'd rather work with Steve than work with John. Je préfère travailler avec Steve qu'avec John.

Would you rather live in England than live in France? Est-ce que vous préférez vivre en Angleterre ou en France ?

Attention : quand le sujet de *would rather* est différent du sujet du verbe qui suit, on emploie le prétérit.

I'd rather you left before the boss gets back. Je préférerais que vous partiez avant que le patron arrive.

4.5 Demande d'augmentation
Asking for a pay raise

Je me demandais si on pouvait discuter d'une augmentation de salaire.
I was wondering if we could discuss a pay raise.

Peut-être pourrais-je avoir droit à une augmentation ?
Maybe I could be entitled to some raise?

Aurai-je droit à une prime cette année ?
Will I be entitled to a bonus this year?

Aurai-je droit à des stock-options à la fin de l'année ?
Will I be entitled to any stock options at the end of the year?

J'ai augmenté le volume des ventes de 6 % cette année.
I've increased sales output by 6% this year.

J'ai fait beaucoup d'heures supplémentaires ce mois-ci.
I've put in a lot of overtime this month.

J'apprécie vraiment l'augmentation que vous m'avez octroyée.
I really appreciate the pay hike you have given me.

Je suis vraiment motivé et prêt à faire de mon mieux pour l'entreprise.
I feel highly motivated and ready to give my best to the firm.

Cette augmentation est une aubaine. Je ne m'y attendais pas.
This pay rise is a godsend. I did not expect it.

Il y aura des perspectives d'augmentation pour les employés qui s'investissent dans l'entreprise.
There will be promotion opportunities for the employees who invest in the firm.

Le chiffre d'affaires n'est pas terrible cette année. Il n'y aura pas d'augmentation de salaire.
Production / turnover is down this year. There will be no pay hikes.

Nos résultats sont en baisse. Faute de résultats positifs, il n'y aura pas d'augmentation.
Our turnover is down. Unless we have better results, there will be no wage increases.

Je refuse de vous augmenter. Vos objectifs n'ont pas été atteints.
I will not grant you a pay rise. Your objectives have not been met.

Toute augmentation de salaire sera conditionnée aux résultats.
Pay rise will depend on results.

Je suis démotivé depuis que le patron m'a refusé une augmentation.
I've been disheartened since the boss refused to grant me a pay raise.

Je n'ai plus de motivation au travail.
I don't feel motivated any more.

Le travail n'est jamais récompensé dans cette entreprise.
Work is not rewarded in this firm.

Vocabulary

a pay rise / raise / hike : une augmentation de salaire
give a pay rise to sb : accorder une augmentation de salaire
deny sb a pay rise : refuser à qn une augmentation de salaire
a bonus : une prime
turnover : le chiffre d'affaires / la rotation de personnel
output : la production
results : les résultats
productivity : la productivité
sales : les ventes
profit margins : les marges de bénéfices
profit-sharing : l'intéressement, une prime d'intéressement, la participation
meet objectives : atteindre les objectifs
top-paid executive : cadres dirigeants
a rank and file employee : un employé de la base

Une stock option est une action de la société que ses employés peuvent acheter. Les stock-options sont accordées à certains employés. Les employés ont le droit d'acheter un certain nombre d'actions de la société pendant une période limitée et à un prix spécifié. Acheter des actions n'est pas obligatoire, ce n'est qu'une possibilité. Le prix des stock-options vendues aux employés est inférieur au prix public (vendu en Bourse).

Vocabulary

motivation : la motivation
motivate : motiver
demotivated : démotivé
an incentive : une incitation
encourage : encourager
a bonus : une prime
boost : stimuler
rally around (a project) : rassembler autour de (un projet)
deter : dissuader
dishearten : décourager
disillusionment : les désillusions
morale : le moral
burn out : l'épuisement au travail
heart attack : infarctus

5 Communication avec l'extérieur
External Communication

5.1 Le courrier
Mail

Pourriez-vous m'indiquer où se trouve ma boîte aux lettres ?
Could you tell me please where my mail box is?

Il faudra demander à la secrétaire de vous en préparer une.
You will have to ask the secretary to prepare one for you.

Les boîtes aux lettres sont là-bas.
You'll find the mailboxes over there.

Elles sont par ordre alphabétique.
They are in alphabetical order.

Votre nom commence par W, donc vous êtes tout en bas.
Your name begins with a W, so you'll be at the bottom.

Le courrier est distribué le matin, aux environs de 10 heures.
The mail is delivered in the morning, around 10 o'clock.

Le courrier en partance est déposé dans un casier là-bas.
Outgoing mail is put in a box over there.

La secétaire l'enregistrera avant qu'il ne soit emporté à la poste, vers 17h.
The secretary will record it before it is taken to the post-office around 5 p.m.

Vous devez vérifier votre boîte aux lettres tous les deux jours, bien que la tendance aujourd'hui soit d'utiliser le courriel.
You need to check your mailbox every other day, although the tendency today of course is to use email.

La secrétaire s'occupe des lettres recommandées.
The secretary deals with registered mail.

Vocabulary

the post office : la poste
a letter : une lettre
a parcel : un paquet
a registered letter : une lettre recommandée
mail a letter : mettre une lettre à la boîte
pick up one's mail : prendre son courrier
a postage stamp : un timbre
a book of stamps : un carnet de timbres
deliver : distribuer
delivery : la distribution
return to sender : retour à l'envoyeur
send first class : envoyer en courrier prioritaire
first-class mail : le courrier prioritaire
a postal (UK) / zip (US) code : un code postal
franking : l'affranchissement
postage rate : le tarif postal

5.2 La messagerie électronique
E-mail

Je voudrais ouvrir un compte de messagerie.
I'd like to open an email account.

Chaque employé a son propre compte.
Each employee has their own email account.

C'est votre prénom suivi de votre nom de famille, séparé par un point.
It is your first name, last name separated by a dot.

Voici un exemple : john point smith arobase anglo-projects point com.
Here is an example: john dot smith at angloprojects dot com

Vous voulez bien me donner votre courriel et je vous contacterai ?
Would you please give me your email address and I'll contact you.

Oui, c'est joan.lonely at brokenheart point com.
Yes, here it is. It is joan.lonely@brokenheart.com

Puis-je avoir l'adresse de votre patron ?
Can I have your boss's email address?

J'ai bien peur que vous ne soyez obligé(e) de passer par moi. Je suis son assistante personnelle.
I'm afraid you'll have to go through me. I'm her PA.

Pouvez-vous m'envoyer votre adresse par mail / courriel ?
Can you send me your address through email, please?

Je vous l'envoie par email sur-le-champ.
I'll email it to you right away.

J'ai du mal à vous envoyer des emails. L'adresse est peut-être fausse.
I'm having trouble sending you an email. The address may be wrong.

Vous pourriez me donner votre courriel, s'il vous plaît ?
Could you write your email address down for me please?

C'est de ma faute. J'ai utilisé une majuscule.
My mistake. I used an upper-case letter.

Il faut que je re-vérifie votre adresse email.
I need to check your email address again.

Puis-je vous envoyer les documents en pj ?
Can I send you the documents in an attachment?

J'ai eu votre email mais sans la pièce jointe.
I've got your email but I didn't receive the attachment.

Vous pouvez m'envoyer un document texte au lieu d'une pj ?
Can you send me a text file instead of an attachment?

Vous pouvez m'envoyer une version pdf du document word ?
Can you send me a pdf version of the word document?

Je vous ai envoyé un fichier, mais je pense qu'il était trop gros pour être expédié par courriel.
I sent you a file but I think it was too large to send through email.

On peut seulement envoyer des pj d'un mégabyte au maximum.
We can only send attachments which are one Mb or smaller.

Quel genre de problèmes avez-vous avec le courriel dans cette société ?
What sort of problems do you have with email in the company?

Parfois la boîte de réception est pleine et il faut supprimer une partie du courriel.
Sometimes the inbox gets full and we have to delete some of the mail.

Il faudra vider votre boîte de réception régulièrement.
You will have to clean up your in-box regularly.

Je crois que je suis à court d'espace.
I think I'm running out of storage space.

Je n'ai pas reçu de mail depuis mercredi. Le serveur doit être en panne.
I haven't received any mail since Wednesday. The server must be down.

Vous recevez trop de spam ? Oui.
Are you getting too much junk mail? Yes I am.

On ferait mieux d'installer une extension antispam sur votre ordinateur.
We'd better put an antispam extension in your computer.

N'ouvrez aucun courrier contenant le titre « urgent/ restructuration ». Il contient probablement un virus.
Don't open any mail with the title "urgent/ restructuring". It probably contains a virus.

Toujours supprimer ce type de courriel une fois que vous l'avez reçu.
Always delete this type of mail once you receive it.

Je voudrais envoyer un mail à tout le monde. Comment dois-je m'y prendre ?
I would like to send an email to the whole group. How do I go about it / shall I proceed?

Cliquez sur « répondre à tous ».
Click on "reply (to) all".

Vous pouvez me mettre en copie de votre dernier mail ?
Can you cc me your last email?

J'ai reçu un mail du directeur des RH. Je te le fais suivre.
I received a mail from the HR manager. I'll forward it to you.

Si vous recevez un message de votre fournisseur d'accès vous demandant de remplir un nouveau formulaire, ne répondez pas. C'est probablement quelqu'un qui cherche à usurper votre identité.
If you get a message from your Internet provider asking you to fill in a new form, do not reply. It's probably someone phishing.

Nous avons une importante réunion demain. Je crois que je ferais mieux d'envoyer un courriel de rappel.
We have an important meeting tomorrow. I think I'd better send out a reminder mail.

Vocabulary

email : le courriel, la messagerie électronique
email inbox : la boîte de réception
new message : nouveau message
object : objet
the body : le corps (du message)
to : à
subject : objet
send : envoyez
insert (file / photo / link) : insérer (fichier / photo / lien)
attach a file : joindre un fichier
an attachment : une pièce jointe

storage space : la capacité de stockage
junk mail / spam email : le spam, le pourriel
filter spam email : filtrer les pourriels
a spambot : un robot qui envoie des pourriels
reply : répondre
reply to all : répondre à tous
answer by email : répondre par email
compose : nouveau mail
cc (sb) (in/on an email) : copie à / mettre (qn) en copie d'un email
a header : un en-tête
forward : faire suivre
phishing : l'usurpation d'identité
upper case : majuscules
lower case : minuscules
a reminder mail : un courriel de rappel

6 La conversation téléphonique
On the telephone

6.1 La prise de contact
Making contact

Bonjour, ici John Williams.
Hello, this is John Williams.

Bonjour, John à l'appareil.
Hello, this is John speaking.

Allo, ici Angloprojects. Bill Watson à l'appareil.
Hello, Angloprojects, Bill Watson speaking.

Je souhaiterais parler à John Smith.
I'd like to speak to John Smith.

J'aimerais parler à Mlle Jones.
I'd like to speak to Ms Jones.

Puis-je savoir qui est à l'appareil ?
May I ask who's calling?

Puis-je parler à Mary King, s'il vous plaît ?
May I speak to Mary King, please?

Pourrais-je avoir le poste 203 ?
Could I have extension number 203?

Le numéro de votre correspondant s'affiche sur l'écran.
The number of the person phoning appears on the screen.

Comment allez-vous ? Ravi d'entendre votre voix.
How are you? Good to hear you.

Restez en ligne / Ne quittez pas.
Please hold (the line).

Un instant s'il vous plaît.
Could you hold on please?

Je vous passe...
Connecting your call to...

Je voudrais parler à Declan O'Brian, votre chargé de la com. Vous pouvez me passer sa ligne ?
I would like to speak to Declan O'Brian, your communications officer. Could you please redirect me to him?

Ne quittez pas, je vous transfère la communication.
Please hold, I'll transfer you.

Merci d'avoir patienté.
Thank you for holding.

Je vous passe son bureau.
I'll put you through to his office.

6.2 Aide
Help

John à l'appareil, puis-je vous aider ?
John speaking, can I help you?

Que puis-je faire pour vous ?
What can I do for you?

Puis-je vous aider ?
What can I do for you? / How can I help you?

Je pense que Bob Jones peut vous aider. Je vous passe sa ligne.
I think Bob Jones can help you with this. I'll redirect you.

6.3 Rappeler qn
Calling Back sb

Puis-je vous rappeler ?
Can I call you back?

Pourriez-vous rappeler plus tard ?
Could you call back later?

Puis-je vous rappeler dans quelques minutes ?
Can I get back to you in a few minutes?

Je n'ai pas les informations que vous demandez. Puis-je vous rappeler dans une demi-heure ?
I don't have the information you're asking for. Can I get back to you in half an hour?

Quand puis-je vous rappeler ? Je suis pas mal occupé en ce moment.
When can I call you back / get back to you? I'm sort of / quite busy just now.

Désolé, je suis déjà en ligne. Je vous rappelle dès que j'aurai terminé.
I'm afraid I'm on another line right now. I'll call you back when I have finished.

La ligne est occupée. Je re-essayerai plus tard.
The line is engaged. I'll try again later.

6.4 Pas joignable
Can't be reached

Est-ce que vous savez s'il est joignable aujourd'hui ?
Is it possible to get in touch with him today?

J'ai bien peur qu'il soit en vacances en ce moment.
I'm afraid he's on holiday right now.

J'ai bien peur qu'il ne soit pas dans son bureau en ce moment.
I'm afraid he's out of office right now.

J'ai bien peur qu'il soit parti déjeuner.
I'm afraid he has gone out for lunch.

Désolé, il est momentanément sorti.
I'm sorry he's out of the office at the moment.

J'ai bien peur qu'il ne soit à une réunion en ce moment.
I'm afraid he's at a meeting now.

Désolé, il n'y a personne avec ce nom ici.
I'm sorry. There's nobody here by that name.

6.5 Demander, Donner Des renseignements
Asking for, giving information

Mon numéro est le 06 12 34 56.
My number is oh six, one two three four five six.

À quel numéro puis-je vous rappeler ?
What number can I call you back at?

Mon numéro n'est pas dans l'annuaire.
My number is not listed.

J'ai trouvé votre numéro dans l'annuaire.
I found your number in the directory.

Votre numéro n'est pas dans l'annuaire.
You're not in the directory.

J'appelle de Paris.
I'm calling from Paris.

J'appelle de la part du directeur général.
I'm calling on behalf of the general manager.

J'appelle pour savoir si vous voudriez bien fixer la date de la prochaine réunion.
I'm just calling to know if you'd like to set up / schedule the next meeting.

J'ai quelques questions à vous poser concernant notre contrat. Vous pouvez me rappeller quand vous aurez le temps ?
I have some questions to ask you concerning our contract. Could you give me a call back / call me back when you have some time?

J'ai quelques questions à vous poser à propos de votre nouveau scanner laser. Vous pouvez me passer la personne responsable ?
I have some questions to ask you about your new laser scanner. Coud you redirect me to the person in charge?

Ne quittez pas s'il vous plaît. Je vais voir si mon patron est au courant.
Would you please hold the line / hold on a sec. I'm going to ask my boss if he knows about it.

Voulez-vous épeler votre nom, s'il vous plaît ?
Could you spell your name please?

Je pense que je peux obtenir les informations pour vous, mais cela risque de prendre un peu de temps.
I think I can get the information for you but it may take some time.

6.6 Les Problèmes sur la ligne
Telephone Problems

Vous avez fait un faux numéro, désolé.
I'm afraid you've got the wrong number, sorry.

La ligne est mauvaise... Pourriez-vous parler plus fort, s'il vous plaît ?
The line is very bad... Could you speak up please?

Pourriez-vous répéter ?
Could you repeat that please?

Désolé, je ne vous entends pas.
I'm afraid I can't hear you.

Désolé, je n'ai pas compris. Pourriez-vous répéter ?
Sorry. I didn't catch that. Could you say it again please?

Mon anglais n'est pas très bon, pourriez-vous parler lentement ?
My English isn't very good, could you please speak slowly?

Désolé, la ligne est occupée. Voulez-vous patienter ?
I'm sorry, the line's busy. Would you mind holding?

Désolé, je ne peux pas transférer votre appel.
I'm sorry, I cannot connect your call.

Désolé, vous vous êtes trompé de numéro.
Sorry, you've dialed the wrong number.

J'ai peur que vous vous soyez trompé de numéro.
I'm afraid you've got the wrong number.

Désolé, on a été coupés.
Sorry, we've been cut off.

Il y a un problème. Je n'arrive pas à me connecter.
I don't know what's wrong. I can't get through.

6.7 Les messages
Leaving or taking a message

Voulez-vous laisser un message ?
Would you like to leave a message?

Puis-je laisser un message ?
May I leave a message?

Puis-je laisser / prendre un message ?
Can I leave / take a message?

Pourriez-vous lui laisser un message ?
Could you give him/her a message?

Pourriez-vous lui demander de me rappeler ?
Could you ask him/her to call me back?

Pourriez-vous lui dire que j'ai appelé ?
Could you tell him/her that I called?

Vous pouvez me laisser votre nom ?
Could you give me your name please?

Pourriez-vous épeler ?
Could you spell that please?

Quel est votre numéro ?
What's your number please?

Désolé, M. Fish n'est pas disponible. Voulez-vous laisser un message ?
I'm afraid Mr Fish is not available. Would you like to leave a message?

Voulez-vous me rappeler le plus rapidement possible ?
Could you get back to me as quickly as possible ?

Si le patron n'est pas disponible, est-ce que je peux laisser un message ?
If the boss is not available, can I leave a message with you for him?

6.8 Pendant la conversation
During the conversation

Puis-je vous interrompre un instant ?
May I interrupt you for a second ?

Permettez-moi de faire remarquer ceci.
Allow me to make a point.

Si je comprends bien.
If I've got things right.

Cela m'a fait plaisir de vous parler.
It's been a pleasure talking to you / It was nice talking to you.

Bonne journée.
Have a nice day.

6.9 Réclamations au téléphone
Complaining on the Phone

Désolé de vous déranger, mais...
I'm sorry to bother you, but...

Cela fait des semaines que nous attendons notre commande. Pouvez-vous m'aider ?
We've been waiting for weeks for the order to come. Can you help me?

J'ai bien peur qu'il y ait une confusion.
I'm sorry, there may be a misunderstanding.

Vous avez bien reçu notre facture ?
Did you receive our invoice?

Excusez-moi mais, d'après ce que je comprends, la commande aurait dû arriver il y a deux semaines.
Excuse me but from what I gather, the delivery should have been made two weeks ago.

Je vous appelle parce que nous sommes sans nouvelles de vous depuis deux semaines.
I'm calling because we have not received any news from you for two weeks.

Je me demandais si vous aviez reçu notre lettre car nous sommes sans réponse depuis deux mois.
I was wondering if you had received our letter because we haven't had any reply for two months.

Vocabulary

a cell phone : un mobile
a landline : une ligne fixe
a phone number : un numéro de téléphone
a phone directory : un annuaire téléphonique
a telephone call : un appel téléphonique
a long distance call : un appel longue distance
an extension : un poste
an area / country code : un indicatif téléphonique
a time zone : un fuseau horaire
a caller : un correspondant
the receiver : le combiné
pick up the receiver / phone : décrocher
put down the receiver : raccrocher
put through : connecter
hang up : raccrocher au nez de
slam the phone down : raccrocher brutalement
dial a number : composer un numéro
redirect : transférer
hold the line : rester en ligne
hang up on sb : raccrocher
a wrong number : un faux numéro
dial a wrong number : se tromper de numéro
put through : connecter
transfer : transférer
hold the line : ne pas quitter
be cut off : être coupé
a person in charge : un responsable
the line is busy : la ligne est occupée

En anglais, les numéros de téléphone sont donnés chiffre après chiffre. Exemple : *oh one four five six seven eight nine* : 01 45 67 89. L'indicatif pour le Royaume-Uni est 44, et 1 pour les États-Unis. Pour la France, l'indicatif est le 33.

7 Le fax
Faxing

Les documents sont prêts. Je vous les envoie par email ou je vous les faxe ?
The documents are ready. Shall I send them by email or fax them to you?

Puis-je avoir votre numéro de fax ?
Can I have your fax number please?

Mon numéro de fax est le 07 15 43 78.
My fax number is 07 15 43 78.

Je n'ai pas reçu les documents que vous m'aviez faxés. Pourriez-vous vérifier l'état, s'il vous plaît ?
I haven't received any of the documents you faxed me. Could you please check the status?

Mon fax est en panne. Je pense que je ferais mieux d'envoyer le document par e-mail.
My fax is not working. I think I'd better email the document.

L'avantage du fax par rapport au courriel, c'est que les messages / documents ne peuvent pas être interceptés par un tiers.
The advantage of faxing over email is that the messages / documents cannot be intercepted by a third party.

8 La rédaction de lettres professionnelles
Writing professional letters

8.1 Commencer une lettre
Starting a letter

Monsieur,
Dear Sir,

Madame,
Dear Madam,

Monsieur, Madame,
Dear Sir or Madam,

Cher Mr Smith,
Dear M. Smith,

Chère Mlle Jones,
Dear Ms Jones,

8.2 Conclure une lettre
Concluding a letter

Veuillez agréer l'expression de mes salutations distinguées / Cordialement,
Sincerely yours, (US) / Yours sincerely, (UK)

Veuillez agréer mes salutations distinguées,
Yours faithfully,

Dans l'attente d'une réponse rapide de votre part, nous vous prions d'agréer…
We look forward to hearing from you at the earliest convenience…

Bien cordialement (après premier contact)
With best wishes

Très cordialement,
With best regards,

Cordialement,
All the best / kind regards,

8.3 Conclure un email
Signing off on an email

Salutations distinguées
Best regards
Yours sincerely / Sincerely yours
Very truly yours

Meilleurs sentiments
All the best

Chaleureusement
Warm / warmest regards

Merci de votre bienveillance
Thanks for your consideration

> Il y a quelques règles simples pour conclure un courriel. La première c'est d'être bref. Inclure son titre et le logo de la société.

8.4 Expressions utiles
Some useful expressions

8.4.1 Général
General

Je vous saurais gré de...
I would very much appreciate if...

Veuillez avoir l'obligeance de...
Would you please be so kind as to...

Je vous prie de...
Please...

Je vous prierais de...
I would be much obliged if you would...

Je vous écris concernant...
I'm writing to you about...

Je vous remercie vivement de...
Very many thanks for...

Merci d'avoir...
Thank you for...

8.4.2 Formules de politesse
Polite expressions

Avec toutes mes excuses.
Please accept my apologies.

Pourriez-vous me dire si cela vous convient ?
Could you let me know if this is convenient for you?

Pourriez-vous vous renseigner ?
Would it be possible to look into this matter?

Je vous prie de nous excuser pour la gêne occasionnée.
I apologize for any inconvenience this may cause you.

Dans l'attente d'une réponse.
I'm looking forward to hearing from you.

Merci de bien vouloir régler ce problème au plus vite.
I would be happy if you could give this matter your immediate attention.

Je vous serais reconnaissant de me téléphoner.
I would be grateful if you could phone me back.

Je vous serais très reconnaissant de votre aide.
I would be very much obliged if you could help me.

Contactez-moi à ce numéro si vous avez des questions.
Should you have any questions, please contact me at this number.

Je vous remercie de...
Thank you for...

8.5 À la recherche d'un emploi
Looking for a job

Je vous écris pour poser ma candidature à un stage dans votre entreprise.
I am writing to apply for an internship with your organization.

Je vous écris en réponse à votre annonce pour un poste de conseiller financier au *Washington Post*, datée du 12 janvier 2014.
This letter is in reply to your advertisement for a financial advisor in the Washington Post *of Jan 12, 2014.*

Votre annonce du *Financial Times* a attiré mon attention.
Your advertisement in the Financial Times *has caught my attention.*

Mr James Wilson m'a conseillé de vous contacter à propos de / concernant un poste dans le service des ventes de votre entreprise.
M James Wilson advised me to contact you regarding a position in the Sales Department of your company.

8.6 Lettres commerciales
Commercial letters

Nous n'avons pas encore reçu la livraison de notre commande pour du matériel de bureau.
We haven't yet received delivery of our order for office equipment.

Je vous écris pour exprimer mon mécontentement à l'égard de la politique de facturation de votre entreprise.
I am writing to express my dissatisfaction with your company's billing policy.

Je vous écris pour vous faire savoir que nous avons bien reçu votre facture #DJK186.
I just want to let you know that we have received your invoice #DJK186.

Je tiens à vous remercier de la livraison rapide de notre commande.
I would like to thank you for the prompt delivery of our order.

Veuillez trouver ci-joint un chèque d'un montant de 2 000 euros en règlement de votre facture #DJK186.
Please find enclosed a check for 2,000 euros in payment of your invoice #DJK186.

Je vous écris pour m'excuser de ne pas avoir réglé votre facture #DJK186.
I am writing to apologize for the non-payment of your invoice #DJK186.

Le règlement de votre facture #DJK186 a malheureusement été retardé à la suite d'une erreur dans nos fichiers comptables.
The payment of your invoice #DJK186 was unfortunately delayed due to an error in our accounting files.

Je vous écris pour vous rappeler que vous n'avez pas encore réglé notre facture #DJK186.
I am writing to remind you that you have not yet settled our invoice #DJK186.

À ce jour, nous n'avons pas encore reçu paiement de votre commande #DJK186.
Today, we still have not received payment for your order #DJK186.

Nous avons bien reçu votre lettre de change pour 2 000 euros.
We have indeed received your draft for 2,000 euros.

Je voudrais souligner que les délais de votre règlement de notre facture #DJK186 sont largement dépassés.
I would like to point out that your payment for our invoice #DJK186 is well overdue.

Nous accusons réception de votre livraison ce matin même.
We have received your consignment this very morning.

En anglais, la virgule sépare les milliers. Ainsi on écrira *30,000 / 300,000 / 3,000,000*. Le point s'emploie pour les nombres décimaux : *250.75 = two five oh point seven five* / 3.5% = *three point five per cent.*

8.7 Demande de devis
Asking for an estimate

Je vous écris suite à notre conversation téléphonique du 27 mai.
I'm writing following the telephone conversation we had on May 27.

Auriez-vous l'obligeance de m'envoyer un devis pour vos écrans d'ordinateurs ?
Would you please send me an estimate for your computer screens?

Auriez-vous l'obligeance de me faire parvenir une estimation pour les articles suivants ?
Would you please give me a quote for the following items ?

Veuillez, je vous prie, trouver ici le devis que vous avez demandé.
Please find enclosed the estimate you asked for.

8.8 Les réclamations
Complaints

Je vous écris pour me plaindre de la qualité de votre service après ventes.
I am writing to complain about the quality of your after-sales service.

Je vous écris pour réclamer des dommages-intérêts après la perte de mes bagages le 15 juin 2014, du vol AF 028.
I am writing to claim compensation for the loss of my luggage on June 15, 2015, AF Flight 028.

Nous vous rappelons les délais.
We must remind you of the deadline.

La présentation d'une lettre / *The layout of a letter*

- Mettez votre nom à droite en haut
- Laissez deux lignes vierges
- Date sous les deux lignes, à droite
- Laissez quatre lignes vierges
- Indiquez le nom et l'adresse du destinataire sur la gauche
- Laissez deux lignes vierges
- À la ligne : *Dear Sir* (, UK) (: US)
- Commencez le corps de la lettre
- Laissez deux lignes vierges avant de conclure
- Signature sur la gauche

Quand on connaît bien son destinataire, on peut utiliser des expressions du type *best regards* (bien cordialement). Ce qu'il ne faut pas dire, c'est l'expression *friendly* pour amicalement. On utilisera *best regards*.

76 bd des Goblins
75013 Paris
France

June 6, 2015

Sidney Troll
Human resources Manager
AngloProjects Inc.
96390 Philadelphia, PA
United States of America

Dear M. Troll:

In a recent discussion with William Boyd, whom you know, I learned that there was an opening position in your company in marketing software products. This is a field I have developed some expertise in and one that I feel very much at home with.

I would like you to consider my application for the position. I am available for a Skype interview at your convenience and I am free to travel should you want to interview me personally.

I am extremely motivated and I am confident that I could contribute greatly to your organization.

Please find enclosed my resume. I look forward to hearing from you.

Sincerely yours,

Sidney Troll, MBA

Abréviations utiles

a/c (account) : compte
ack. (acknowledged) : accusé de réception
ASAP (US) (as soon as possible) : dès que possible
av. (average) : moyenne
a.m. (ante meridiem) : du matin
c. (circa) : environ
C/O (care of) : aux bons soins de (ABS)
CC (carbon copy) : copie à
CO (company) : entreprise
Conf (confirm) : confirmez
CV (curriculum vitae) : CV
DD (direct debit) : prélèvement automatique
Del. (delivery) : livraison
eg (exempli gratia) : par exemple
Enc(s) (enclosure(s) : pièces jointes
FAO (for the attention of) : à l'attention de
ff (following) : suite à
FYI (for your information) : pour votre information
i.e. (id est) (in other words) : c'est-à-dire
Inc. (incorporated) : SA (société anonyme)
Incl. (included) : joint, y compris
inst (of this month) : courant, de ce mois
Ltd (limited company) : SARL (société à responsabilité limitée)
mt (meeting) : réunion
NB (nota bene) : nota bene
p.o. (postal order) : mandat postal
PO Box (Poste office box) : boîte postale
PLC (public limited company) : SA (société anonyme)
p.m. (post meridiem) : de l'après-midi / du soir
PS (postscript) : postscriptum
PTO (please turn over) : tournez la page SVP

rc'd (received) : reçu
re (with reference to) : en référence à
Ref (reference) : référence
tbc (to be confirmed) : à confirmer
viz (videlicet) (namely) : à savoir
yf (yours faithfully) : bien cordialement
ys (yours sincerely) : bien cordialement

Vocabulary

a draft : une lettre de change
an estimate / a quote : un devis
an invoice : une facture
a discount : une remise
a deposit : un acompte
refund a deposit : rembourser un acompte
cancel : résilier
an attachment : une pièce jointe
order : passer une commande
an order : une commande
settle an order : régler une commande
a deadline : un délai
an ad / an advert / an advertisement : une petite annonce
acknowledge : accuser réception de
thanks : remerciements
congratulate : féliciter
congratulations : félicitations

Les ressources humaines et les conditions de travail
Human resources and working conditions

1 Le règlement de l'entreprise
Company rules

Je m'appelle Bill Smith et je suis le petit nouveau.
My name is Bill Smith and I'm new to the company.

Puis-je vous poser quelques questions concernant le règlement et les habitudes de la société ?
May I ask you a few questions about company rules and practices?

En fait, je suis très occupé en ce moment. Pouvez vous repasser au moment de la pause-café ?
Actually, I'm quite busy right now. Can you drop by at the tea break?

Ce que j'aimerais savoir, c'est combien de temps nous avons pour déjeuner.
What I would like to know is how long we have for lunch.

On a une demi-heure pour déjeuner.
We have 30 minutes for lunch.

À quelle heure suis-je censé commencer le matin ?
What time must I report for work in the morning?

On commence à 9 h tapantes.
We begin at nine sharp.

À quelle heure finit-on la journée ?
What time do we finish in the evening?

Dix-sept heures, mais en cas de surcroît de travail, on peut très bien finir à 19 h.
Five o'clock but if there's a heavy workload we may sometimes have to work till seven.

Y a-t-il un code vestimentaire ici ?
Is there a dress code here?

Oui, vous devez porter un costume chaque jour, sauf le vendredi où vous pouvez vous habiller de façon plus décontractée.
Yes, you're expected to wear a suit every day except Friday when you can dress more casually.

À combien de jours de congé ai-je droit cette année ?
How much vacation am I entitled to this year?

D'habitude, on a deux semaines par an.
Usually, you get two weeks a year.

Puis-je prendre tous mes congés au même moment ?
Can I take all my holidays at the same time?

Et si on ne prend pas tous ses jours de congé, ils sont perdus ?
Do vacation days expire in this company?

Peut-on travailler depuis chez soi ?
Are we allowed to work from home / to telecommute?

Quand il y a des problèmes de délais, on peut parfois travailler pendant le week-end.
If we have a problem of deadline, we may have to work at home during the weekend.

Vocabulary

a vacation : des vacances
go on vacation / holiday : partir en vacances
a holiday-maker : un vacancier
a deadline : une date limite
telecommute : travailler à domicile
a dress code : un code vestimentaire
a suit : un costume
a tie : une cravate
dress shoes : des chaussures de ville
sneakers : des baskets
a lady's / woman's dress suit : un tailleur

La pause déjeuner dure entre une demi-heure et une heure. Elle permet aux employés de faire un véritable repas pendant la journée. Au Royaume-Uni, les employés ont droit à une pause de dix minutes toutes les quatre heures. La pause leur permet d'aller aux toilettes ou de souffler un moment. Il y a des pauses café (ou thé) le matin et l'après-midi.

La tenue décontractée le vendredi (*casual Friday*) permet aux employés de s'habiller de façon plus informelle que le costume qu'ils portent les autres jours de la semaine. Certaines entreprises autorisent même le blue jeans, le chemisier décontracté, les T-shirts, les vestes de jogging et les baskets (*sneakers*).

2 L'organigramme de l'entreprise
Who's who in the firm

Qui est le directeur général dans l'entreprise ?
Who's the managing director of the firm / the firm's managing director?

Will Smith est le directeur général de notre entreprise.
Will Smith is the managing director of our company.

Will est aussi président du CA.
Will is also the chairman of the board of directors.

Will a créé AngloProjects en 2004.
Will founded AngloProjects in 2004.

Bob Wilson est le secrétaire général de l'entreprise.
Bob Wilson is the company secretary.

Le secrétaire général est responsable de la bonne marche de l'entreprise et de la conformité avec les règles et les règlements en vigueur.
The company secretary is responsible for the efficient administration of the company with regard to compliance with rules and regulations.

Fred Summerhill est responsable financier.
Fred Summerhill is the executive in charge of finance.

Alan Hand est notre directeur marketing.
Alan Hand is our marketing manager.

Mme Brown est chef des ressources humaines.
Ms Brown is the human resources manager.

Combien de cadres supérieurs avez-vous dans l'entreprise ?
How many senior executives are there in your company?

Depuis combien de temps occupez-vous un poste de cadre moyen ?
How long have you had a position in middle management?

Combien d'employés avez-vous sous votre responsabilité ?
How many employees are you responsible for?

Est-ce que votre entreprise est cotée en Bourse ? Est-ce que vous avez des stock-options ?
Is your company listed on the Stock Exchange? Do you have stock options?

Est-ce que vous êtes actionnaire de votre entreprise ?
Are you a shareholder / stockholder (US)?

Qui s'occupe du contrôle qualité dans l'usine ?
Who's in charge of / looks after quality control in the factory?

Que pensez-vous de l'assistante personnelle du directeur général ?
What do you think about the managing director's personal assistant?

Qui prend les décisions finales dans l'entreprise ? C'est le CA.
Who makes the final decision in the firm? It's the board of directors.

Quelles sont les qualités les plus importantes d'un cadre dirigeant ? Les qualités de communication, de prise de décision, leadership, gestion, résolution des problèmes et gestion du temps.
What are the most important qualities of a top executive? Communications skills, decision making skills, leadership skills, management skills, problem-solving skills and time-management skills.

Vocabulary

corporate governance : la gouvernance d'entreprise
an organizational structure / chart : un organigramme
a hierarchical structure : une structure hiérarchique

a CEO (chief executive officer) : un directeur général
a chief operating officer : un directeur général
a corporate executive : un dirigeant d'entreprise
a company secretary : un secrétaire général
the chief financial officier : le directeur financier
the chief knowledge officer : le directeur de la connaissance
the chief of staff : le chef de cabinet
a director : un administrateur (membre du CA)
the chairman of the board : le président du CA
a project manager : un responsable de projet
a top-level manager : un cadre dirigeant
a shareholder / stockholder : un actionnaire
a share / stock : une action
a lower level managerial position : un poste de cadre débutant
a supervisory managerial position : un poste de cadre moyen
an entry-level position : un poste de débutant / de base
senior management : les cadres dirigeants
middle management : les cadres moyens
an executive committee : un comité exécutif
a senior executive : un cadre supérieur
a junior executive : un jeune cadre
an account executive : un chargé de clientèle
make a decision : prendre une décision
a decision maker : un décideur
the rank and file : la base
a skill : un savoir-faire, une compétence

Dans le monde anglo-saxon, les dirigeants d'entreprise sont la plupart du temps des juristes ou des économistes de formation, et moins souvent des ingénieurs. Pour devenir dirigeant aux États-Unis, il faut au moins être titulaire d'une licence et, très souvent, le MBA est considéré comme la meilleure formation. Une école d'ingénieurs n'est pas la meilleure formation pour un poste de dirigeant aux États-Unis.

3 L'évaluation d'un collègue
Evaluating an employee

Je dois avoir un entretien d'évaluation la semaine prochaine.
I am up for evaluation next week.

Pouvez-vous me conseiller sur les critères d'évaluation ?
Can you give me some advice about the criteria for evaluation?

Quels sont les critères d'efficacité au travail ?
What are the performance criteria?

Eh bien, je crois que vous devez déterminer si l'employé fait preuve d'initiative, ou s'il est ambitieux.
Well, I think that you must determine if the employee shows initiative, is ambitious.

Qu'en est-il de l'absentéisme ?
What about attendance?

Ne pas s'absenter est primordial.
An employee's attendance is very important.

Est-ce qu'il s'absente pour un oui ou pour un non ?
Is he absent for no good reason?

Cela peut avoir un impact négatif sur la productivité et le moral.
It can have a negative impact on productivity and morale.

L'assiduité d'un employé devrait être exemplaire.
An employee's attendance should be exemplary.

Quelle est l'attitude de l'employé à l'égard de ses supérieurs / collègues de travail ?
What is the employee's attitude towards his superiors / co-workers?

Quelle est son attitude envers le travail en général ?
What is his attitude towards work in general?

Est-ce que le travail est un plaisir ou une corvée pour lui/elle ?
Is work a pleasure or a chore for him/her?

Est-ce que l'employé est digne de confiance ?
Is the employee reliable / trustworthy?

Est-ce qu'il fait preuve de compétence / responsabilité ?
Does he/she demonstrate competence and dependability?

D'après vous, l'employé(e) est-il/elle quelqu'un que l'on consulte en cas de difficulté ?
In your opinion, is the employee a go-to person?

Est-ce que l'employé fait preuve de flexibilité quand on lui demande d'effectuer une tâche qui n'est pas dans ses attributions ?
How flexible is an employee when asked to perform a job outside his/her normal duties?

L'employé a-t-il des objections à travailler sur un projet particulier en dehors des heures régulières ?
Does the employee mind working outside normal hours for a special project?

L'employé(e) est-il/elle capable de communiquer convenablement avec ses collègues de travail, la direction et les clients ?
Can the employee communicate adequately with co-workers, managers and customers?

Y a-t-il eu des problèmes liés à la capacité à communiquer de l'employé(e) ?
Have there been any problems created because of the employee's communication skills?

La vision de l'employée sur l'entreprise dépasse-t-elle le cadre normal de ses tâches ?
Does the employee have a broader view / a deeper understanding of the company than his/her own duties?

L'employé(e) se concentre-t-il/elle sur les projets en cours ?
Does the employee focus on the task at hand?

Est-ce qu'il/elle a du mal à hiérarchiser ses tâches ?
Does he/she have difficulty prioritizing job duties?

L'employé(e) est-elle sociable ?
Is the employee good at socializing with other employees?

L'employé(e) a-t-il/elle fait des progrès depuis la dernière évaluation ?
Has the employee shown a marked improvement from the previous performance evaluation?

Est-ce qu'il/elle fait preuve de déontologie au travail ?
Does he/she demonstrate ethical behavior in the workplace?

Est-ce qu'il/elle respecte la vie privée des autres et celle des clients ?
Does he/she respect the privacy of others and the privacy of customers?

Est-ce que l'employé(e) sait quand poser des questions plutôt que de poursuivre son travail sans s'interroger ?
Does the employee know when to ask questions rather than simply move on?

Est-ce qu'il/elle montre un niveau de connaissance technique acceptable dans l'exécution de ses tâches ?
Does he/she show an acceptable level of technical knowledge to perform his/her job?

Est-ce qu'il/elle peut régulièrement atteindre les objectifs de productivité et respecter les échéances ?
Is he/she able to consistently meet productivity requirements and project deadlines?

Y a-t-il des retours positifs ou négatifs sur la qualité du travail de l'employé(e) ?
Has there been negative or positive feedback concerning the quality of the employee's work?

Comment l'employé(e) fait-il/elle face aux changements sur le lieu de travail ?
How does the employee deal with changes in the work environment?

Comment l'employé(e) gère-t-il/elle le stress ?
How does the employee manage stress?

Si le service est en sous-effectif, est-ce que l'employé(e) est prêt(e) à donner un coup de main pour aider les collègues ?
If the department is short-handed, will the employee pitch in to finish tasks assigned to others?

Vocabulary

evaluate : évaluer
a job performance review : un entretien d'évaluation
the performance level : le niveau d'efficacité
enhance knowledge : améliorer ses connaissances
ambition / ambitious : l'ambition / ambitieux
show initiative : faire preuve d'initiative
attendance : la présence
cooperation : la coopération, la collaboration
flexible : flexible
focus (on) : se concentrer sur
assessment : l'évaluation
integrity : l'intégrité
job duties : des tâches
the workplace : le cadre professionnel
feedback : le retour
stress management : la gestion du stress
teamwork : le travail en équipe
be short-handed : être en sous-effectif
work overtime : faire des heures supplémentaires
volunteer : se porter volontaire
meet standards : être au niveau
mastery : la maîtrise
competence / competent : la compétence / compétent
outstanding : excellent
appropriate : approprié, convenable

Il y a cinq **niveaux d'évaluation** (*performance levels*) :

- a besoin de s'améliorer (*needs improvement*)
- acceptable à la rigueur (*minimally acceptable*)
- est au niveau (*meet standards*)
- dépasse le niveau (*exceeds standards*)
- remarquable (*outstanding*)

4 Le harcèlement au travail

Bullying and harassment at work

Qu'est ce que vous entendez par harcèlement ?
What do we mean by harassment?

Elle se plaint de harcèlement au travail depuis plusieurs mois.
She's been complaining of being harassed for several months.

Elle a déposé plainte pour harcèlement au travail.
She has filed a complaint for harassment at work.

Le harcèlement dont elle a été victime l'a conduite à démissionner de son poste.
The harassment she was a victim of drove her to resign her position.

Son patron la harcèle depuis des mois. Il lui fait des avances.
Her boss has been harassing her for months. He's always propositioning her.

Son patron est toujours en train de la tripoter et de se coller contre elle.
Her boss is always touching her / groping her and standing too close for comfort.

Son employeur lui a fait des avances sexuelles en lui faisant miroiter une promotion.
Her boss has been asking her for sexual favors in return for promotion.

Son supérieur a proféré des menaces concernant sa sécurité d'emploi.
His/her superior has been making threats concerning his/her job security.

Son patron le/la casse systématiquement en lui donnant trop de travail et en le/la critiquant sans cesse.
His boss is deliberately undermining him/her by overloading and criticizing him/her.

Des emails circulent concernant la vie privée de la secrétaire.
Emails have been circulating about the secretary's private life.

Des photos compromettantes de certains collègues sont apparues sur les réseaux sociaux.
Incriminating pictures about some colleagues have cropped up on the social networks.

J'en ai marre de mon supérieur. Il se paye toujours ma tête. Il pense que je suis un nul.
I'm fed with my superior. He's always taking the mickey out of me. He thinks I'm a moron.

Elle était tellement harcelée par son patron qu'elle a fini par faire une dépression.
She was so harassed by her boss that she eventually had a nervous breakdown.

Comme elle a été victime de licenciement abusif, elle a intenté un procès contre l'entreprise et réclame 35 000 euros de dommages-intérêts.
As she was the victim of unfair dismissal, she sued the company for 30,000 pounds.

Vocabulary

offensive / insulting : insultant
intimidating : intimidant
malicious : méchant, malin
misuse of power : abus de pouvoir
undermine : saper
denigrate : dénigrer
hurt : blesser
spread rumors : répandre des rumeurs
make fun of : se moquer de
poke fun at : se rire de
take the mickey out of : se payer la tête de

unfair treatment : le traitement injuste
overbearing supervision : la surveillance excessive
unwelcome sexual advances : avances sexuelles non désirées
grope / touch : peloter
proposition : faire des avances
a nervous breakdown : une dépression nerveuse
sue / take to court : intenter un procès

> ***Harassment** is unwanted conduct affecting the dignity of people in the workplace. It may be related to age, gender, race, sexual orientation.*

5 Le retard au travail
Being late at work

Désolé d'être en retard. La circulation était dense sur l'autoroute pour Londres.
I'm sorry I'm late. Traffic was heavy on the motorway into London.

Désolé d'être en retard, cela ne se reproduira plus.
I'm sorry for being late. It won't happen again.

Il y a eu un incident voyageur. On a été immobilisé pendant deux heures.
There was a suicide on the line. We were held back for two hours.

Ma voiture est tombée en panne sur l'autoroute. Il a fallu que j'attende le dépanneur.
My car broke down on the highway. I had to wait for the tow.

Je me suis fait arrêter pour excès de vitesse.
I got arrested by the police for speeding.

Mon enfant était malade. Il a fallu que je l'emmène chez le médecin.
My child was sick. I had to take him/her to the doctor's.

Il a fallu que j'attende le médecin.
I had to wait for the doctor to come.

J'ai eu une panne de réveil. Je n'ai pas entendu mon réveil sonner.
I overslept. I did not hear the alarm clock go off.

La SNCF était en grève et il n'y avait pas de services de bus.
The railway was on strike and there were no bus services.

J'attire votre attention sur le fait que la ponctualité est très importante. Vous avez été trop souvent en retard récemment.
I must point out that attendance is very important. You have been late too often recently.

C'est la troisième fois cette semaine que vous êtes en retard.
This is the third time this week when you have been late.

Je pense que vous devriez investir dans un nouveau réveil. Un qui marche.
I think you should buy a new alarm clock. One that works.

Je me vois obligé de vous retenir quelques heures sur votre salaire pour retards fréquents.
I have to dock part of your pay for being often late.

Ce n'est pas de ma faute. C'est la faute du chauffeur.
It's not my fault. It's the fault of the bus driver.

Vocabulary

late : en retard
an alarm clock : un réveille-matin
wake up : se réveiller
go to bed : se coucher, aller au lit
oversleep : ne pas se réveiller
on strike : en grève
break down : tomber en panne
make excuses : faire des excuses
apologize (for) : s'excuser
an apology : une excuse

6 Quitter le travail en avance
Leaving work early

Il faut que je parte en avance aujourd'hui. J'ai un rendez-vous chez le médecin.
I have to leave early today. I have a doctor's appointment.

J'ai un rendez-vous chez le dentiste à 16 h. Puis-je partir un peu plus tôt ?
I have a dentist appointment. May I leave a little earlier?

Cela vous dérange si je pars un peu en avance aujourd'hui ?
Do you mind if I leave earlier today?

Il faut que je passe chercher mon fils à l'école.
I have to pick up my son at school.

Mon fils est malade. Il faut que je parte tout de suite.
My son is sick. I have to leave immediately.

Mon voisin a appelé pour dire qu'il y a une fuite chez moi et que la cave est inondée. Il faut que je rentre dare-dare.
My neighbor called to say that the water pipes in my house have burst and that the basement is flooding. I have to get home as quickly as possible.

Mon petit chat est très malade. Il faut que je l'emmène chez le vétérinaire. Puis-je quitter le travail un peu plus tôt ?
My little cat is very ill. I have to take him/her to the vet. May I leave a little earlier?

J'ai un mal de tête épouvantable. Ça vous dérange si je pars plus tôt aujourd'hui ?
I have a terrible headache. Is it OK if I leave earlier today?

Je crois que je suis en train d'attraper la grippe ou quelque chose. Puis-je rentrer chez moi ?
I think I'm coming down with the flu or something. Can I go home?

J'ai très mal au ventre. Puis-je partir plus tôt pour voir un médecin ?
I have terrible tommy pains. I can't stop running to the toilet. May I leave earlier to see a doctor?

Ma voiture est en panne non loin d'ici. Je dois aller voir si la dépanneuse est arrivée.
My car broke down a few blocks away. I have to go and see if the tow truck has come yet.

Mon mari s'est exfermé. Je dois rentrer lui apporter les clés.
My husband has locked himself out. I have to go home and bring the keys.

Ma fille a des contractions et je suis la seule personne qui peut l'emmener à l'hôpital. C'est urgent.
My daughter has just gone into labor and I'm the only person who can take her to the hospital. This is urgent.

J'ai un plombage qui a sauté et je dois aller d'urgence chez le dentiste.
I've just broken one of my fillings and I have to make an emergency visit at the dentist's.

J'ai une convocation au tribunal. Je dois y être pour 16 h.
I have been summoned to court. I have to be there for four o'clock.

J'ai bien peur d'avoir fermé la voiture en laissant les clés à l'intérieur.
I'm afraid I locked my car doors with the keys still inside.

Vocabulary

leave early : partir tôt
a headache : un mal de crâne
a migraine : une migraine
a toothache : un mal de dent
a stomachache : un mal de ventre
a virus / a bug : un virus
a stomach virus : une gastro
run a fever : avoir de la fièvre
have a temperature : avoir de la température
feel sick : ne pas se sentir bien
go to the emergency room : aller aux urgences

go to the doctor's / dentist's : aller chez le médecin / le dentiste
the doctor's surgery : le cabinet médical
the dentist's surgery : le cabinet du dentiste
make an appointment : prendre rendez-vous
lock oneself out : s'exfermer
pick up (at) : passer chercher (à)

7 Appeler pour dire qu'on est malade
Calling in sick

John ? Ici Joan. J'appelle pour dire que je suis malade et que je ne pourrai pas venir au bureau aujourd'hui.
John? This is Joan. I'm calling in to tell you I'm sick and won't be able to come to work today.

Je ne me sens pas bien du tout. Je crois que je vais prendre une journée de congé.
I do not feel well at all. I have to take a day off.

Ma petite de trois ans est malade et j'attends le médecin.
My three-year old daughter is sick and I have to wait for the doctor to come.

Mon fils a de la température. Je n'ai personne qui peut le garder / à qui le confier. Je prends un jour de congé.
My son is running a fever. I have nobody to look after him. I'm taking the day off.

J'ai été piqué par une abeille hier soir et je ne savais pas que j'étais allergique.
I got stung by a bee last night and I had no idea I was allergic.

J'ai des problèmes personnels dont il faut que je m'occupe. Je prends ma journée.
I have some personal matters / family problems I have to take care of. I'll stay home today.

Il a fallu que j'emmène mon fils aux urgences. Je ne suis pas sûr de venir au travail aujourd'hui.
I had to take my son to the emergency room. I'm not sure I can make it in today.

Vocabulary

call in sick : se faire porter pâle
take a day off : prendre une journée de congé
make it in / to the office : aller au travail
sick leave : l'absence pour raisons médicales

8 Les RTT

Recup time

Quelle est la durée légale de la semaine de travail en Grande-Bretagne / Amérique ?

How many hours do people normally work in Britain / the USA?

C'est entre 40 et 44 heures en fonction du secteur.

It is between 40 and 44h/week, depending on the sector.

À combien de congés payés avez-vous droit en Grande-Bretagne / aux États-Unis ?

How much paid leave are you entitled to in Britain/the US?

Nous avons droit à 28 jours par an.

We're entitled to 28 days a year.

Que signifie TOIL en anglais ? TOIL signifie « repos compensateur ».

What is TOIL in English? TOIL means 'time off in lieu'.

Cela signifie qu'un employé est autorisé à prendre des jours de RTT au lieu de toucher des heures supplémentaires.

It means an employee is allowed to take time off instead of overtime pay for hours worked beyond his contracted hours.

Quels sont les avantages des RTT pour une entreprise ?
What are the advantages of TOIL for a firm?

Quand il y a un surcroît de travail, les employés peuvent être priés de travailler au-delà des 40 heures.
When there is a heavy workload employees may be needed to work longer hours in the week beyond the 40-hour week.

Préférez-vous être payé en heures supplémentaires ou prendre des jours de repos compensateurs pour le travail que vous avez effectué le mois dernier ?
Would you rather be paid overtime or have time off in lieu to compensate for the extra hours you put in last month?

Dans notre entreprise, de nombreux employés préfèrent faire des heures supplémentaires afin d'avoir une semaine de congé supplémentaire à Noël.
In our firm, many employees work overtime in order to have an extra week paid holiday at Christmas.

Est-ce que le 1er de l'an est un jour chômé en Grande-Bretagne ?
Is January Ist a bank holiday in Britain?

Vocabulary

banked time / time off in lieu (TOIL) (UK) / compensation time : le repos compensateur
TOIL / recup time : RTT
overtime : les heures supplémentaires
work overtime : faire des heures supplémentaires
paid leave : les congés payés
bank holidays : les jours chômés

En **Angleterre**, si un salarié effectue des heures supplémentaire ou dépasse le nombre d'heures réglementaires, il peut demander des heures compensatrices, c'est-à-dire des heures de congé supplémentaire (TOIL). Les heures supplémentaires sont payées 1,5 fois les heures normales. La semaine de travail est de 48 heures maximum/semaine. Les employés peuvent choisir de faire plus d'heures. Ils ont droit à 28 jours de congé payés par an.

Les jours chômés sont au nombre de huit, parmi lesquels :
Good Friday : Vendredi saint
Easter Monday : Lundi de Pâques
Early May bank holiday (May 5) : le 5 mai
Spring bank holiday : le 26 mai
Summer bank holiday : le 25 août
Christmas Day : Noël, le 25 décembre
Boxing Day : le 26 décembre
New Year's Day : le 1er de l'An
Si un jour chômé tombe un week-end, il est remplacé par le lundi qui suit.

Aux **États-Unis**, un employé touche le salaire minimum horaire. Au-delà de 40 h/semaine, il est payé 1,5 le taux horaire. En moyenne, les Américains prennent moins de deux semaines de congés payés par an. Il y a en moyenne 11 jours chômés.

New Year's Day : le 1er janvier
Martin Luther King Jr Day : 3e lundi de janvier
Washington's Birthday : 3e lundi de février
Memorial Day : dernier lundi de mai
Independence Day : 4 juillet
Labor Day : 1er lundi de septembre
Columbus Day : 2e lundi d'octobre
Veterans' Day : 11 novembre
Thanksgiving : 4e jeudi de novembre
Christmas : 25 décembre

9 Travailler à temps complet / à mi temps
Working full time / Part time

Combien d'employés à temps partiel avez-vous dans votre entreprise ?
How many part time workers do you have in your firm?

Vous travaillez plein temps ou à temps partiel ?
Do you work part time or full time?

Je travaille 35 heures par semaine, mais ma femme ne fait que 15 h par semaine. Elle travaille à temps partiel.
I work 35 hours a week but my wife only works 15 hours a week. She's part time.

Pourquoi est-ce que votre femme travaille à temps partiel ?
Why does your wife work part time?

Elle préfère consacrer deux ou trois jours par semaine aux enfants.
She prefers to keep a couple of days a week to be with the children.

Même si je touche moins en travaillant à temps partiel, j'ai gagné en qualité de vie.
Even though I earn less working part time, I have a better quality of life.

En travaillant à temps partiel, je peux poursuivre mes études à l'université.
By working part time I can pursue my studies at university.

Elle travaille à mi-temps pour raisons de santé. Elle peut bénéficier d'un mi-temps thérapeutique.
She works part time for health reasons. She takes advantage of part time on health grounds.

Grâce à mon mi-temps, je peux m'offrir des week-ends prolongés.
Thanks to my part time job, I can enjoy extended weekends.

Bien qu'un travailleur à mi-temps ait droit à 5,6 semaines de congés payés par an au minimum, en fait le résultat est qu'il dispose de moins de jours de congés qu'un travailleur à temps plein.
Although a part time worker is entitled to a minimum of 5.6 weeks of paid holiday each year, this may amount to fewer actual days of paid holiday than a full time worker would get.

En Grande-Bretagne, si on travaille trois jours par semaine, les congés sont calculés sur la base de 3 x 5,6, ce qui fait 16,8 jours de congé payé par an.
In Britain, if a worker works three days a week, leave is calculated by multiplying 3 x 5.6 which equals 16.8 days of annual paid leave.

Vocabulary

work full time / part time : travailler à plein temps / mi-temps
a full time / part time worker : un travailleur à plein temps / mi-temps

10 Les Congés Payés
Paid holidays

À combien de jours de congés payés avons-nous droit ici ?
How many paid holidays do we get here?

Un plein temps a 28 jours de congés payés par an.
A full time worker gets 28 days of paid holiday per year.

En France, seuls les salariés bénéficient de congés payés.
In France all wage earners are entitled to paid leave.

Selon notre convention collective, les employés ont droit à 5 semaines de congés payés.
According to the collective bargaining agreement (CBA), workers are entitled to 5 weeks paid holiday.

Il y a aussi 8 jours chômés.
There are also 8 days of bank holiday.

Comme Pâques tombe un mardi, pensez-vous que nous allons faire le pont ?
As Easter falls on a Tuesday, do you think we'll get an extended week end?

Comment puis-je calculer mes droits à congés payés si je quitte l'entreprise après 6 mois ?
How can I calculate my holiday entitlement if I leave the firm after six months?

Le droit aux congés payés est déterminé en fonction des jours de travail effectif accomplis.
The right to paid leave is calculated according to the number of days of work completed.

Une femme enceinte a droit à autant de jours de congés que n'importe quel autre employé.
A pregnant woman is entitled to as many days of paid leave as any other employee.

Le congé de maternité légal est de 52 semaines. Il comporte le congé de maternité ordinaire et un congé supplémentaire.
Statutory maternity leave is 52 weeks. It's made up of ordinary maternity leave and additional maternity leave.

Le congé de maternité peut démarrer 11 semaines avant la semaine prévue pour la naissance.
Maternity leave may start 11 weeks before the expected week of childbirth.

En France, les jours de congés s'acquièrent à raison de 2,5 jours ouvrables par mois de travail effectif dans la limite de 30 jours.
In France, paid leave is calculated on the basis of 2.5 working days per month up to a maximum of 30 days.

Combien touchez-vous pendant le congé de maternité ? En Grande-Bretagne, le congé est payé pendant un maximum de 39 semaines. On touche 90 % de vos revenus moyens avant impôt pendant les 6 premières semaines, et 90 % ou 126 livres maximum de votre salaire hebdomadaire pendant les 33 semaines qui suivent.
How much are you paid on maternity leave? In Britain, statutory maternity leave is paid for up to 39 weeks. You get 90% of your average weekly earnings before tax for the first six weeks and 90%, or 126 pounds maximum of your average weekly earning for the next 33 weeks, whichever is lower.

Vocabulary

paid holiday / leave : les congés payés
maternity paid leave : le congé de maternité
a working day : un jour ouvrable
a long weekend : un pont
have a long weekend : faire le pont
labor law : le droit du travail
labor code : le code du travail

11 Les avantages en nature
Perks

Aurai-je droit à des avantages en nature ?
Will I be entitled to perks?

Quelle sorte d'avantages en nature avons-nous avec le poste ?
What sort of perks do we get with this job?

Vous aurez probablement une voiture de fonction, un portable et un téléphone.
You will probably get a company car, a laptop and a cell.

Les avantages en nature font partie du salaire brut.
Perks are part and parcel of gross earnings.

Les frais de déplacement sont intégralement remboursés.
Travelling expenses are fully compensated / funded / taken care of.

Vous aurez droit à une indemnité journalière si vous êtes en déplacement.
You will get a per diem when you are traveling for the company.

À combien se monte l'indemnité journalière ?
How much is the per diem?

Vous avez droit à 20 livres par jour pour la nourriture et autres dépenses essentielles.
You get 20 pounds a day to cover food and other small necessities.

Je constate qu'au Grand Hôtel, on aura le gîte et le couvert.
I notice at the Grand Hotel we'll be getting bed and breakfast.

Est-ce que les déplacements sont remboursés sur la base du kilométrage ou de la consommation d'essence ?
Are traveling expenses reimbursed per mileage or gas consumption?

À cause des restrictions budgétaires, les déplacements se feront désormais en classe économique.
Because of cuts in budget, you will now travel economy.

Si vous oubliez votre téléphone portable dans une chambre d'hôtel, il faudra vous en racheter un à vos frais.
If you leave your phone behind in a hotel room, you'll have to buy one at your own expense.

Vocabulary

a perk : un avantage en nature
a per diem : une indemnité journalière
travelling expenses : les frais de déplacement
a plane ticket : un billet d'avion
airfare : les tarifs aériens
travel first class : voyager en première classe
travel business class : voyager en classe affaires
travel coach (UK) / economy class : voyager en seconde classe
benefits : avantages en nature
a company car : un véhicule d'entreprise

12 La formation continue
In-service training, on-the-job training

Ai-je droit à un stage de formation ?
Am I entitled to on the job training?

J'aimerais m'améliorer en anglais.
I'd like to improve my English.

Il est possible d'avoir un cours de 10 leçons, financé par l'entreprise.
It is possible to have a ten-lesson course, paid for by the firm.

Vous pouvez également avoir une formation en informatique.
You can also have in-service training in computer skills.

Nous encourageons nos travailleurs à suivre des stages de perfectionnement.
We encourage our workers to take part in lifelong learning programs.

Aux termes de votre contrat, vous avez droit à 50 heures de formation par an.
According to your contract, you're entitled to 50 hours a year of training.

Comme vous avez besoin de développer vos compétences en informatique, je suggère que vous fassiez un stage.
As you need to develop IT skills, I suggest you should enroll in a program.

La secrétaire est en formation. Elle ne revient que lundi.
The secretary is on a training course. She'll be back on Monday.

Je l'ai envoyée en formation pendant deux semaines.
I've sent her off on a training course for two weeks.

Nous avons quelques étudiants en formation alternée.
We have a few students on a sandwich course.

La formation commence en juin et se termine en juillet.
The training program starts in June and ends in July.

Tous les stagiaires seront logés sur place.
All the trainees will be accommodated on the site.

Vocabulary

an internship : un stage
do / carry out an internship : faire un stage
an intern / trainee : un stagiaire
a trainee manager : un cadre en formation
in-firm training : la formation en entreprise
a mentor / a tutor / an instructor : un formateur
dual training system : la formation alternée
a sandwich course : une formation alternée
go on a training course : aller en formation

13 La grève
Going on strike

Les employés menacent de se mettre en grève.
The employees are threatening to go on strike.

Pourquoi les ouvriers se sont-ils mis en grève ?
Why did the workers go on strike?

La direction propose un plan social.
Management is putting forward a redundancy plan.

Les ouvriers ont décidé d'organiser une occupation des locaux pour protester contre le licenciement abusif de leurs camarades.
The workers have decided to stage a sit-in, in protest of the unfair dismissal of their co-workers.

Des ouvrières se sont plaintes d'être persécutées / traitées injustement par la direction.
Some female workers have complained about being victimized by the management.

Le personnel s'est mis en grève pour réclamer des augmentations de salaire.
The staff have come out on strike in order to get a wage hike.

Le patronat a l'intention de fermer deux usines sur trois.
Management is intent on closing two factories out of three.

Les ouvriers se sont mis en grève spontanément pour défendre leur outil de travail et empêcher les délocalisations.
The workers have gone on stike spontaneously to defend their plant / factory and prevent relocation.

La direction a décidé d'empêcher l'accès de l'usine aux fauteurs de trouble.
Management decided to lockout the troublemakers / the workers that were causing trouble.

L'entreprise est en cesssation de paiement et les ouvriers menacent d'occuper les locaux.
The company is defaulting on payment / is insolvent and the workers are threatening to occupy the premises.

Les relations professionnelles se sont dégradées dans l'entreprise depuis quelques mois.
Industrial relations have gone from bad to worse in the plant over the last few months.

Parmi les revendications des salariés, on trouve des augmentations de salaire et le respect du temps de repos.
Amongst the workers's claims, we find wage increases and compliance with released time / rest time.

En France le droit de grève est reconnu et garanti par la Constitution.
In France, the right to strike is recognized and guaranteed by the Constitution.

Les ouvriers réclament une réduction de la semaine de travail faute de quoi ils se mettront en grève.
The workers want a shorter work week otherwise they will go on strike.

La grève qui a commencé il y a trois semaines est susceptible de se poursuivre encore longtemps.
The strike that started three weeks ago is likely to go on for a long time.

Les délégués syndicaux et les représentants de la direction négocient pour mettre fin au mouvement social.
Shop stewards are negotiating with management to bring an end to the work stoppage.

Le meneur de la grève va s'adresser aux grévistes pour leur demander de poursuivre le mouvement.
The strike leader will speak to the strikers and ask them to continue the strike.

Les syndicalistes ont été persécutés pour avoir défendu leurs piquets de grève.
Trade union militants have been victimized for defending picket lines.

L'entreprise a recruté des briseurs de grève pour assurer la continuité de la production.
The company has hired strike breakers to make sure that production does not stop.

En dépit de la grève dans le métro et le RER, un service minimum sera assuré aux heures de pointe.
In spite of the strike in the subway and commuter lines, there will be a minimum service during rush hours.

Les ouvriers ont décidé de manifester en ville.
The workers have decided to demonstrate in town.

Vocabulary

industrial relations : les relations professionnelles
a strike notice : un préavis de grève
go on strike : se mettre en grève
be on strike : être en grève
call a strike : appeler à la grève
break a strike : briser une grève
strike action : la grève
a striker : un gréviste
a grievance : un grief, une revendication
a walkout : une grève
a work stoppage : un arrêt de travail, un mouvement social
a sit-in : une occupation des locaux

unfair dismissal : le licenciement abusif
a trade union (UK) / labor union (US) : un syndicat
a shop stewart : un délégué syndical
a strikebreaker : un briseur de grève, un jaune
minimum service : le service minimum
social dialogue : le dialogue social
strike misconduct : délits pendant une grève

> ***Rest time*** comprend : la pause repas, la pause pendant la journée, 24h pendant le we et les vacances.

14 Changement de direction

New management

Notre société vient d'être rachetée par une firme britannique.
Our company has just been taken over by a British firm.

Je pense qu'il va y avoir beaucoup de changements.
I suppose there'll be a lot of changes made.

J'ai peur qu'ils ne dégraissent / réduisent les effectifs.
I'm worried they are going to downsize.

Tu penses que tu vas être licenciée ?
Do you think you will be laid off / let go (US)?

Bon, cela fait 15 ans que je travaille ici.
Well, I've been here for 15 years.

D'habitude, dernier arrivé, premier licencié.
It's usually last in first out.

À quoi ressemble le nouveau PDG ?
What's the new managing director / CEO like?

Je ne l'ai pas encore vu, mais on dit qu'il est honnête.
I haven't seen him yet but they say he's very fair.

Vocabulary

a worker : un travailleur
an employee : un employé
an employer : un employeur
a co-worker : un collègue
a colleague : un collègue, un confrère
the managing director / CEO (US) : le DG
the board of directors : le conseil d'administration
the HR manager : le directeur des ressources humaines
a manager : un directeur, un dirigeant
an executive : un cadre
a senior executive : un cadre dirigeant
a junior executive : un jeune cadre
middle management : les cadres moyens
senior management : les cadres supérieurs
a firm : une société
a company / a business : une société
a start-up : une start-up, une jeune pousse
run / manage a firm : diriger une société

start up a business : démarrer une entreprise
go out of business : mettre la clé sous la porte
go bankrupt : faire faillite

15 Le plan social
A redundancy plan

Il faut faire un plan social pour dégraisser / réduire les effectifs.
We need a redundancy plan to streamline the workforce.

Cela doit être fait dans les règles afin de ne pas nuire aux performances de l'entreprise.
It has to be done in an appropriate way in order not to damage the company's performances.

Il faut minimiser l'impact négatif des restructurations.
We have to minimize the negative impact of the restructuring.

Il faut stimuler la motivation des employés qui restent dans l'entreprise.
We have to boost the motivation of the remaining employees.

Avant de faire une annonce, il faut préparer et planifier le projet.
Before making an announcement, we need to prepare and plan the project.

Il faut faire valider tous les aspects juridiques.
We must also validate all the legal aspects.

Il faut que les directeurs soient capables d'informer les travailleurs.
We must train managers how to notify the workers.

Il faut gérer la communication interne et externe.
We must manage internal and external communication.

Une fois le plan social annoncé, il faut mettre en place une cellule de soutien aux employés.
After we announce the plan, we must provide an on-site employee support center.

Il faut soutenir les employés qui vont être licenciés.
We must support notified employees.

Il faut concevoir un programme de cohésion pour le personnel restant dans l'entreprise.
We need to design a team-building program for the remaining employees.

Les lettres de licenciement seront envoyées lundi prochain.
The redundancy letters / notices will be sent out this Monday.

Il n'y aura pas de licenciement sec.
There will be no compulsory redundancy without compensation.

Nous encourageons ceux qui le souhaitent à partir en préretraite.
Those who want will be encouraged to take early retirement.

La direction a promis de généreuses primes de départ pour tous les employés licenciés.
Management has promised thick golden handshakes for all employees that have been laid off.

Une partie des employés menacent de se mettre en grève et d'occuper l'usine.
Some of the employees threaten to go on strike and occupy the premises / plant / factory.

Deux des cadres dirigeants ont été séquestrés et pris en otage.
Two of the managers have been bossnapped / kidnapped and are held hostages / detained.

Les deux cadres ont été relâchés après avoir été retenus pendant 24 heures.
The two managers have been released after being detained for 24 hours.

Les travailleurs menacent de tout faire sauter.
The workers threaten to blow the whole place up.

Les ouvriers empêchent les camions d'entrer et de sortir de l'usine.
The workers are preventing the trucks / lorries from going in or coming out of the plant.

L'occupation des locaux se poursuivra jusqu'à ce que les travailleurs aient obtenu satisfaction.
The lock-in will last / go on as long as the workers' demands have not been met.

Les syndicats n'ont pas réussi à négocier un prolongement d'activité sur site.
The trade unions have not been able to negotiate in order to maintain the activity on the site.

Les travailleurs licenciés auront droit au chômage.
The workers that have been laid off will be entitled to unemployment benefits.

Vous avez deux heures pour quitter l'entreprise.
You have two hours to pack your things and go.

Vous passerez à la comptabilité pour récupérer votre chèque.
Don't forget to go to Accounts to pick up your check.

Vocabulary

lay off : licencier, virer
make (sb) redundant : licencier (qn) (pour raisons économiques)
laid off : licencié, mis à pied
fire : virer
We have to let you go : Nous devons nous séparer de vous
dismiss : révoquer, renvoyer, licencier
a dismissal : un licenciement pour faute

a redundancy : un licenciement pour raisons économiques
mass layoffs / redundancies : licenciements collectifs
compulsory redundancies without compensation : licenciements secs
a pink slip (US) / a redundancy notice : un avis / une lettre de licenciement
a lock-in : une occupation des locaux
bossnapping : le kidnapping / la séquestration des patrons
a trade / labor (US) union : un syndicat
a trade union member : un syndicaliste
a shop steward : un délégué syndical
unemployment benefits : allocations chômage, ASSEDIC
a job center : une agence de Pôle emploi

> Ne pas confondre *profits* (les bénéfices d'une entreprise) avec *benefits* (les allocations ou les avantages).

La vie sociale dans l'entreprise 4

Social life in the firm

1 Après le travail
An afterwork

On arrête pour la journée.
Let's call it a day.

On a le temps d'aller boire un coup ?
Do we have time to go down to the pub for a quick one?

Allons au pub. C'est moi qui offre la première tournée.
Let's go to the pub. I'll buy the first round.

Qui veut prendre un apéritif ?
Who wants a cocktail?

Les filles, qu'est ce que vous prenez ?
OK girls, what are you having?

On commande une bouteille de champagne ?
Let's order a bottle of champagne / bolly / bubbly, shall we?

Je prends un Martini avec des glaçons.
I'll have a Martini on the rocks.

La prochaine tournée est pour moi.
The next round is for me.

C'est le patron qui régale.
Drinks are on the house.

Mets-le sur mon ardoise, tu veux ?
Put it on my tab, will you?

On ferme. Dernières commandes.
Last orders, please.

On ferme.
Time, gentlemen, please.

A round : une tournée. Quand un groupe de personnes va au pub, la coutume veut que chacun offre une tournée. Si vous êtes six, il y a de fortes chances que vous buviez six verres (bière, ou vin blanc, très apprécié des femmes).

2 Le départ d'un/d'une collègue
Leaving the firm

Désolé, mais on est obligé de vous licencier.
I'm sorry we have to let you go.

On procède à des réductions de personnel.
We're cutting down on staff.

J'ai appris que Johnny quittait l'entreprise. Si on organisait une fête pour son départ ?
I hear Johnny's leaving the firm. Let's organize a farewell party.

Le vieux Fred prend sa retraite à la fin du mois. Je pense qu'on devrait lui faire un cadeau pour sa retraite.
Old Fred is retiring at the end of the month. I think we should give him a retirement present.

J'ai une offre en Arabie Saoudite, et donc je quitterai la société à la fin du mois.
I have a job offer in Saudi Arabia, so I shall be leaving the company at the end of the month.

Une telle occasion ne se représentera pas.
An opportunity like this is one in a lifetime.

Je ne pouvais pas passer à côté de cette occasion.
I could not let this opportunity go by.

Je suis convaincu que cette occasion fera avancer ma carrière.
I believe this opportunity will further my career goals.

J'ai vécu de très bons moments chez Brown & Brings mais il est temps de passer à autre chose, comme on m'a offert un très bon poste chez Marks & Sparks.
I had a really good time with Brown and Brings but it's time to move on as I have been offered a very good position with Marks & Sparks.

Je m'en vais parce qu'on m'a proposé un emploi qui me permettra d'accéder à des postes de direction.
I'm leaving because I have been offered a position that will give me access to top management.

Bien que j'ai beaucoup appris avec vous, il est temps pour moi d'affronter d'autres défis.
Although I really learned a lot working with you guys, it is now time for me to take up other challenges.

J'ai l'intention de créer ma propre entreprise.
I intend to launch my own business.

À présent que je maîtrise toutes les ficelles du marketing et de la publicité, je sens que je suis prêt à démarrer ma propre agence.
Now that I have fully mastered the ins and outs of marketing and advertising, I feel I'm ready to open my own agency.

Je refuse toute contre-proposition.
I absolutely refuse to accept a counter offer.

Mon mari est nommé au Canada. Je dois le suivre et par conséquent je démissionne de mon poste.
My husband has been appointed to a position in Canada. I must follow him and therefore am resigning my position.

Le patron a refusé d'accepter votre démission et vous propose une augmentation de 10 % de votre salaire.
The boss has refused your resignation and has offered to raise your salary by 10%.

Ce que vous ne devez pas faire, c'est claquer la porte, sortir en faisant un bras d'honneur.
What you must not do is bang the door, walk out and flip the finger.

Vocabulary

resign (from) : démissionner (de)
a resignation : une démission
retire : prendre sa retraite
retirement : la retraite
a retiree : un retraité
a farewell party : un pot de départ
a job offer : une proposition de poste
a job opportunity : une perspective d'emploi
take up a challenge : relever un défi
launch a business : lancer une affaire
move on : passer à d'autres choses
a career change / move : une mobilité professionnelle
change jobs : changer d'emploi
a career goal : un objectif professionnel
a career plan : un plan de carrière
a roller coaster career / a checkered career : un parcours en dents de scie

En Grande-Bretagne, il faut un préavis d'au moins deux semaines avant de donner son congé dans une entreprise.

Exemple d'une lettre de démission :

Dear Sir,

I have decided to resign my position with Microsoftware effective today. My last day of employment will be on June 15th.

I would like to thank you for the opportunity of working with you and learning from you.

Yours sincerely,

Joe Smith

Les voyages d'affaires 5

Travelling for the firm

1 Les voyages d'affaires
Business travel

Je dois partir en voyage d'affaires. Pouvez-vous me réserver une place sur le vol de nuit ?
I have to go on a business trip. Can you book a seat on the red-eye flight?

Quand pensez-vous partir ?
When do you plan to go?

Voulez-vous que je réserve la chambre d'hôtel en même temps ?
Would you like me to make hotel reservations as well?

Votre billet aller-retour pour Marseille est sur votre bureau.
Your return ticket to Marseille is on your desk.

Voulez-vous bien me réserver un véhicule à l'agence de location de l'aéroport ?
Would you mind reserving a car at the airport rental agency?

Vous serez accueilli par des représentants de l'ambassade quand vous arriverez.
You will be met by representatives from the embassy when you arrive.

Votre vol est à 19 h. Vous arrivez à Chicago à 21 h, heure locale.
Your flight is at 7 pm. You'll get into Chicago at 9 pm local time.

Vous partez à 20 h et vous arriverez à 7 h le lendemain matin.
You'll be leaving at 8 pm and arriving the following day at 7 am.

J'espère que je ne souffrirai pas du décalage horaire.
I hope I won't get jet-lagged.

Je voyagerai en classe affaires.
I will be travelling business class.

Je ferai une présentation devant le CA de nos partenaires américains.
I will be making a presentation in front of the board of directors of our American partners.

La conférence va durer 5 jours. J'espère être de retour dimanche soir au plus tard.
The conference will last five days. I expect to be back by Sunday night.

Pensez-vous avoir du temps libre pour faire du tourisme ?
Do you think you'll have some time off to visit the sights?

J'aimerais aller au MOMA et au Guggenheim.
I'd like to go to the MOMA and the Guggenheim.

Si j'ai le temps, je ferai un tour au Metropolitan.
If I have time, I'll visit the Metropolitan.

Avec tous les miles que j'ai accumulés, je vais emmener ma femme.
With all the miles I have earned / scored up, I will be taking my wife along.

Désolé, Monsieur, votre vol a été annulé. Air France est à nouveau en grève.
Sorry, sir, your flight has been cancelled. Air France is on strike again.

Le vol 027 de Washington accuse un retard d'une heure.
Flight number 027 from Washington D.C. is delayed by an hour.

En raison des intempéries, on atterrira à Pittsburgh.
Because of weather conditions, we well be landing in Pittsburgh.

J'ai raté mon avion. Quand part le prochain vol pour San Francisco ?
I've missed my flight. When is the next one to San Francisco?

À combien de bagages avons-nous droit en avion ?
How much luggage are we allowed on the plane?

Une valise et un sac en cabine.
One suitcase and a cabin bag.

La nourriture est comment sur cette compagnie ? C'est tout simplement écœurant.
What's the food like with this airline company? It is absolutely disgusting.

Où laissez-vous votre véhicule avant de prendre l'avion ?
Where do you usually park your car before you take the plane?

À l'aéroport, il y a un parking longue durée, mais les tarifs peuvent être prohibitifs.
At the airport they have long-term parking although it can be quite expensive.

Vocabulary

a business trip : un voyage d'affaires
go on a business trip : être en voyage d'affaires
be away on business : être en déplacement pour affaires
a flight : un vol
take off : décoller
land : atterrir
fly to : voler (à destination de)
cabin : la cabine
cabin crew : le personnel en vol
ground personnel : le personnel au sol
jet lag : le décalage horaire
make a reservation : faire une réservation
book a hotel room : réserver une chambre dans un hôtel

Prépositions. La préposition *at / in* indique l'endroit où l'on est. *To* indique l'endroit où l'on va. *From* indique l'endroit d'où l'on vient.

I've just arrived from Alabama : Je viens d'arriver de l'Alabama.

I'll be staying in New York City at the Pierre : Je descends au Pierre, à New York.

Are you going into town? Yes, I'm going to a theater on Broadway : Vous allez en ville ? Oui, je vais au théâtre voir une pièce à Broadway.

2 Les repas pendant un voyage d'affaires
Eating on a Business trip

Et si on faisait une pause déjeuner ?
Let's take a lunch break now.

Je ferais bien une pause. Si on allait déjeuner ?
I'm all for a break. Why don't we go for lunch?

C'est dimanche, tous les restaurants du quartier sont fermés.
It's Sunday. All the restaurants are closed.

J'appelle un traiteur.
I'm calling the caterer.

Il va nous apporter des sandwiches.
He'll bring us some sandwiches.

Je vais faire monter des sandwiches.
I'll have some sandwiches brought up.

On va faire un déjeuner de travail.
We'll have a working lunch.

Vous ne pouvez pas commander des sushis à la place ?
Could you order sushi instead?

Qui veut déjeuner ?
Anyone fancy lunch?

Vous suggérez quoi ?
What do you suggest?

Bon, je n'ai pas très faim.
Well, I'm not very hungry.

Je crève la dalle / je meurs de faim / j'ai l'estomac dans les talons.
I'm starving / famished.

Si on allait au McDo ?
Let's go to a fast food joint, shall we?

Je n'aime pas les hamburgers et les frites. Y a-t-il un meilleur endroit ?
Oh, I don't like burgers and fries. Isn't there something better?

Il y a un chouette restaurant italien au bout de la rue. Ils font d'excellents beignets aux crevettes.
There's a nice Italian restaurant down the road. They do excellent scampi.

Pourquoi on n'irait pas manger chinois ?
Why don't we go Chinese instead?

Bon, je ne sais pas s'il y a un chinois dans le coin, mais il y a un Tex Mex au bout de la rue.
Well, I don't know if there's one in the vicinity, but there's a Tex Mex down the street.

C'est moi qui invite pour le déjeuner.
Lunch is on me.

On partage.
Let's split the bill / the check.

On peut avoir l'addition, s'il vous plaît ?
Can we have the check, please?

Vous pouvez me faire une note de frais ?
Can you give me a receipt for expenses?

Combien de pourboire faut-il laisser ?
How much should we tip / leave as a tip?

N'oubliez pas le pourboire pour le garçon.
Remember to tip the waiter.

Le patron ne boit plus. Ne cherchez pas à le faire boire.
The boss has been off the bottle. Don't let him fall off the wagon.

Vocabulary

lunch / dinner : le déjeuner / le dîner
go out for lunch : aller déjeuner
be hungry : avoir faim
hunger : la faim
be starving / famished : être affamé

be thirsty : avoir soif
thirst : la soif
a waiter : un garçon
a waitress : une serveuse
a tip : un pourboire
tip : donner un pourboire
a bill / a check (US) : une note
a caterer : un traiteur
cater : préparer (les plats)
a receipt for expenses : une note de frais

Aux États-Unis, le pourboire est laissé à l'appréciation des clients. En général, on laisse entre quinze et vingt pour cent pour le serveur, à quoi il faut rajouter les taxes locales (qui varient en fonction de chaque État, entre huit et douze pour cent). Ni le pourboire, ni les taxes ne sont indiqués dans le menu. Il faut faire le calcul soi-même. Il en va de même pour les taxis.

3 Les Présentations
Introducing People

Peter Mortimer, puis-je vous présenter John Smith ?
Peter Mortimer, could I introduce you to John Smith?

Claire, je vous présente M. Jack Middleton.
Clare, this is Mr Jack Middleton.

Puis-je vous présenter... ?
May I introduce you to...?

Bonjour, je suis Jack Middleton. Ravi de vous rencontrer.
Hello, I'm Jack Middleton.
It's really nice to meet you.

Ravi de vous rencontrer / Enchanté.
Nice to meet you.

On présente toujours l'inférieur hiérarchique (*the lesser ranking*) au supérieur (*the higher ranking person*).

Dans un scénario à trois personnes, on distingue le supérieur hiérarchique à qui on présente un subordonné. Par exemple, David Goldhammer est le PDG d'une multinationale. Son assistante personnelle va lui présenter Pamela Anderson, qui a été nommée chef des ressources humaines.

- *David Goldhammer, May I introduce Pamela Anderson, our new HR manager to you?*

Vous pouvez donner quelques détails sur chacun, pour les aider à faire connaissance.

- *David plays tennis and he's very good and I believe you enjoy playing tennis too.*

Les sexes. Il est d'usage que l'on présente un homme à une femme, par respect. Néanmoins, au travail, on doit tenir compte de la hiérarchie.

4 L'échange de cartes de visite
Giving / Asking for Business Cards

Vous avez une carte de visite ?
Do you have a business card?

Pourrais-je avoir une de vos cartes de visite ?
Could I have one of your business cards?

Permettez-moi de vous donner une de mes cartes de visite.
Let me give you one of my business cards.

Pourrais-je avoir votre adresse mail et votre numéro de téléphone ?
Can I get your email address and phone number?

Quel est le meilleur moyen de vous contacter ?
What is the best way to contact you?

Vous pouvez me joindre en appelant au numéro qui figure sur ma carte de visite.
You can reach me by calling the number on my business card.

Mon adresse mail est sur ma carte de visite.
My email address is on my business card.

- Avoir toujours des cartes de visite sur soi, y compris le week-end. Dans certains pays, notamment en Asie, c'est une coutume incontournable lors des présentations, d'échanger ses cartes de visite.
- Quand une personne est d'un rang supérieur dans la hiérarchie professionnelle, vous devez attendre que ce dernier vous propose sa carte avant de donner la vôtre.
- Ne jamais donner une carte abîmée.
- Pensez toujours à échanger les cartes de visite même lors de rencontres informelles.
- Quand vous recevez une carte, regardez la carte pendant quelques instants et faites des compliments sur le logo, le design, etc.
- Être debout quand on donne une carte de visite.
- Ne donnez qu'une seule carte à un nouveau contact.
- Insérez la carte que vous avez reçue dans un agenda, un porte-cartes, pas dans votre portefeuille ou votre poche.
- En Asie, il est d'usage de remettre et de recevoir une carte de visite avec ses deux mains. Il convient d'incliner la tête quand on donne ou reçoit une carte de visite, en signe de respect.

Vocabulary

a business card : une carte de visite
exchange business cards : échanger des cartes de visite
contact information : les coordonnées
bear information : comporter des informations
a logo : un logo
hand sb a business card : remettre une carte de visite à qn

CVs, résumés, resumes (US)

Patricia, je cherche un nouvel emploi, peut-être que tu pourrais m'aider avec mon CV ?
Patricia, I'm looking for a new position, maybe you could help me with my CV?

En haut de la page, tu mets ton nom et tes coordonnées.
At the top of the page, you put your name and contact information.

Tu mets ton adresse, ton numéro de téléphone et ton email en haut de la page.
You put the address, phone number, email at the top.

Ne mets jamais de photo sur ton CV.
Never put a photo on your CV.

On distingue plusieurs rubriques.
There are several different sections.

Tu commences par ton expérience professionnelle.
You start with your work experience.

Ensuite, tu donnes des informations sur ta formation.
Next, you give information about your educational background.

Tu dois toujours indiquer les postes que tu as occupés dans l'ordre inverse de la chronologie.
You must indicate the positions you held in anti-chronological order.

Tu peux aussi indiquer tes passe-temps et activités.
You an also mention your hobbies and activities.

N'oublie pas de mettre les verbes au passé.
Do not forget to use the verbs in the past form.

Tu peux me donner quelques exemples ?
Could you give a few examples?

Dans la rubrique expérience professionnelle, tu diras par exemple : organisation de réunion / conception de site web / création de réseau / coordination d'une équipe de 20 personnes
In the experience section, you will say, for example : organized meetings / designed a website / created a network / coordinated, managed a 20-people team

Tu pourrais me donner un exemple pour la rubrique « formation » ?
Could you give me an example for the "Education" section?

Tu donnes d'abord la date d'obtention, puis le diplôme, puis le lieu du diplôme.
First you give the year of graduation, then the name of the degree and finally the place where you got it.

- Le CV doit tenir en une page dans toute la mesure du possible.
- Police Times New Roman, taille 11 minimum
- Signalétique en haut à gauche
- Pas de photo
- Pas de salaire souhaité
- Dans un cartouche, indiquez brièvement votre projet, vos compétences clés en tête de CV.
- Commencez par la rubrique expérience professionnelle. Celle-ci comprendra les stages en entreprise (*internships*).
- La deuxième rubrique sera la formation académique (diplômes, titres).
- La troisième sera consacrée aux compétences (*skills*) : langues, IT.
- La quatrième concerne les centres d'intérêts.
- Présentez vos activités dans l'ordre anti-chronologique.
- Dans un CV, il est essentiel de décrire les activités brièvement à l'aide de verbes dynamiques, au prétérit.
- Mettez des puces (*bullet points*) devant chaque phrase.
- Mettez un point à la fin d'une phrase avec verbe. Sinon, pas de point.
- Votre CV doit donner envie de vous rencontrer. Ne pas tout dire, mais dire ce qu'il faut afin d'attiser la curiosité.
- Soyez concis, pas de pléonasmes, tenez-vous en aux faits.
- Si vous le souhaitez, indiquez vos hobbies, activités bénévoles ou associatives

Vocabulary

a heading / a section : une rubrique, un en-tête
education : la formation
an internship : un stage
intern : faire un stage
extra-curricular activities : les activités diverses
work experience / employment history / professional experience : l'expérience professionnelle
a language : une langue
a skill : une compétence
an accomplishment : une réalisation
a student organization : une association étudiante
a junior enterprise : une junior entreprise
a core qualification / competence : une compétence clé

- **Diplômes /** *Degrees and diplomas*

a degree : un diplôme
a diploma : un diplôme (matériel)
the baccalaureate : le baccalauréat
award : décerner
high / highest honors : mention bien / très bien
an engineering degree : un diplôme d'ingénieur
university-level preparation program for competitive entrance examinations to French Grandes Écoles *for engineering / business studies* : classes préparatoires aux concours d'entrée aux Grandes Écoles d'ingénieur ou de commerce
a BSc (Bachelor of science) : une licence ès-sciences
a BA (Bachelor of Arts) : une licence ès-lettres
an MSc (Master of Science) : un master en sciences
an MA (Master of Arts) : un master en lettres
a PhD : un doctorat

graduate studies : des études de second cycle
undergraduate studies : des études de premier cycle (licence incluse)
doctoral studies : des études doctorales
post-doctoral studies : un post-doc
a year of graduation : une année d'obtention
graduate (from) : être diplômé de

- *Dynamic verbs for CVs*

achieve : réaliser
analyze : analyser
build [built] : construire
carry [carried] out (internship) : faire (un stage)
chair : présider
create : créer
design : concevoir
elaborate : élaborer
found : fonder
invent / design : inventer, concevoir
lead [led] : conduire, diriger
maintain (a site) : faire la maintenance (d'un site)
manage : diriger
negotiate : négocier
organize : organiser
oversee : surveiller
participate in : participer à
recruit : recruter
report to : rendre compte à
review : vérifier, revoir
schedule : planifier
solve : résoudre
supervise : superviser
train : former
upgrade : actualiser, mettre à jour
write [wrote] : écrire

Example of a CV :

Barbara JOHNS
barbarajohns@fmail.com
cell: 06 12 34 56 78

OBJECTIVE : Application to CFO position. Over the past twenty years, I have managed the finance department of a major publishing company as Chief Financial Officer. I'm looking for an equivalent position in or around London.

PROFESSIONAL EXPERIENCE

2009-2014: UbiquitousComputers Co - Chief accountant

- Trained several chief accountants
- Increased turnover by 20% between 2000-2014

2000-2008: Smith Technisoft Company – Chief knowledge officer

- Managed a team of 25 people
- Set up an ERP system

EDUCATION

- 1999: MBA – Graduate School of Business – Stanford University
- 1998: HEC – France's top business school for management
- 1993-5: Preparatory program leading to competitive entrance examinations to the French *Grandes Écoles* for business studies
- 1993: Bacalaureate in sciences, awarded with highest honors

SKILLS

- IT: expert in Java, Python, C++, R, VBA
- Languages: French: mother tongue – English: fluent, TOEFL-IBT 119) - Arabic / German: professional competence - Chinese: working knowledge

OUTSIDE ACTIVITIES

- Volunteership: Reach-out missions for homeless people – Remedial teaching to disadvantaged middle school students
- Sports: Paragliding, marathon-running, golf
- Musical appreciation – Piano (25 years)

Table des matières

Aubin
IMPRIMEUR

Achevé d'imprimer en novembre 2014
N° d'impression 1411.0066
Dépôt légal, novembre 2014
Imprimé en France